BARCELONA INSÓLITA Y SECRETA

Verónica Ramírez Muro - Rocio Sierra Carbonell

Editorial Jonglez

Barcelona insólita y secreta nace como resultado de una constatación: los habitantes y visitantes habituales de la Ciudad Condal sólo disponen de una serie de guías que describen de manera general los lugares de siempre. Nada que sorprenda o que permita descubrir nuevos lugares, incluso a quienes creían conocer bien la ciudad.
Esta guía está especialmente destinada a todos ellos y también al visitante ocasional que busca salir de los circuitos tradicionales.
Esperamos la disfruten.

Cualquier comentario sobre la guía, o algún tipo de información sobre lugares que no mencionamos, será muy bienvenido. Nos permitirá enriquecer las futures ediciones de esta guía.

No duden en escribirnos:
- Editorial Jonglez, 18, boulevard du Roi, 78000 Versailles, Francia.
- e-mail: info@editorialjonglez.com

Montaña de Collserola
TIBIDADO
Observatorio Fabra
Montbau
Vall d'Hebron
Ronda del Dalt
Dalt
PLAÇA DE ALFONSO COMÍN
Penitents
Parque Güell
Vallcarca
Parque del Turó del Putget
Passeig de la Bonanova
Travessera de Dalt
General Mitre
Lesseps
SANT GERVASI
Fontana
GRÀCIA
Via Augusta
Ronda del General Mitre
Carrer de Balmes
Carrer Gran de Gràcia
Augusta
Muntaner
Travessera de Gràcia
Avigunda de Pedralbes
PL. DE PRAT DE LA RIBA
Zona Universitària
Palau Reial
María Cristina
Avigunda Diagonal
PL. DE PIUS XII
PL. DE LA REINA MARÍA CRISTINA
PLAÇA DE FR. MACIÀ
PL. DE JOAN CARLES I
Diagonal
LES CORTS
EIXAMPLE
Passeig de Gràcia
Via de Carles III
Carrer de les Corts
Les Corts
Camp Nou
Avigunda de Josep Tarradellas
Carrer del Comte Urgell
Hospital Clínic
Provença
Plaça del Centre
Entença
Carrer de Roma
Universitat
Pubilla Cases
Travessera
Carrer de Collblanc
Estació Central Barcelona-Sants
ESQUERRA DE L'EIXAMPLE
Urgell
Universitat
Badal
Carrer de Sants
Estació Sants
C. de Tarragona
Tarragona
Parque J. Miró
Rocafort
Gran Via de les Corts Catalanes
Torrassa
Pl. de Sants
Hostafrancs
Les Arenes
Espanya
SANT ANTONI
Sant Antoni
RAVAL
PLAÇA D'ESPANYA
Av. del Paral·lel
Poble Sec
Paral·lel
Santa Eulàlia
L'Hospitalet de Llobregat
Carrer de Badal
Gran Via de les Corts Catalanes
POBLE SEC
Palau Nacional
Castell de Montjuic
Gran Via de la
MONTJUIC
Aeropuerto Barcelona - El Prat
Avigunda
Passeig de la Zona Franca
Cementerio de Montjuic
Ronda del Litoral

Can Masdeus
Casa de l'Aigua
Trinita Nova
Santa Coloma de Gramenet
Trinitat Vella
Canyelles
Ronda del Dalt
PLAÇA DE KARL MARX
Santa Coloma
Valldaura
Via Júlia
Passeig de Santa Coloma
Baró de Viver
Meridiana
Passeig de Valldaura
HORTA
Llucmajor
Carrer de Palomar
Torras i Bages
Parque del Turó de la Peira
Horta
Carrer Gran de Sant Andreu
Carrer de la Ciutat d'Asunción
Avigunda
Sant Andreu
Vilapicina
Passeig de Fabra i Puig
Virrei Amat
Av. de l'Estaut de Catalunya
Llobregós
SANT ANDREU
Fabra i Puig
Maragall
Artigues-Sant Adrià
EL GUINARDÓ
Ronda del Litoral
Parque del Guinardó
Carrer de Santander
Verneda
Congrès
C. de la Sagera
Rambla
Guinardó
La Pau
Guipúscoa
Meridiana
Alfons X
Camp de l'Arpa
Navas
Sant Martí
Besòs
Hospital Sant Pau
Passeig Maragall
Felip II
Joanic
Gràcia
Provença
Carrer de Cartagena
Carrer d'Aragó
Bac de Roda
Clot
Encants
Besòs Mar
Sagrada Família
Gran Via de les Corts Catalanes
Pere IV
Carrer de Josep Pla
Prim
SANT MARTÍ
DRETA DE L'EIXAMPLE
PLAÇA DE LES GLÒRIES CATALANES
Avigunda Diagonal
Selva de Mar
El Maresme Fòrum
Carrer del Taulat
Museu Taurí Monumental
Glòries
Parque de Diagonal Mar
Pujades
Poble Nou
Sant Joan
Llacuna
POBLE NOU
Carrer de Badajoz
Marina
Arc de Triomf
Carrer de Ribes
Bogatell
Cementerio del Poble Nou
Urquinaona
Av. del Bogatell
Playa de la Nova Mar Bella
LA RIBERA
Parque del Poble Nou
Av. d'Icària
Ronda del Litoral
Playa de la Mar Bella
Parque de la Ciutadella
Parlament de Catalunya
Playa del Bogatell
Jaume I
EL BORN
Ciutadella Villa Olímpica
Liceu
BARRIO GOTICO
Estació de França
Barceloneta
Drassanes
BARCELONETA
Museu Marítim Drassanes
Mar Mediterrània
N
0
0,5
1
1,5
2 km

ÍNDICE GENERAL

BARRIO GÓTICO

EL BORN BARCELONETA

EL RAVAL

EIXAMPLE

ESTE

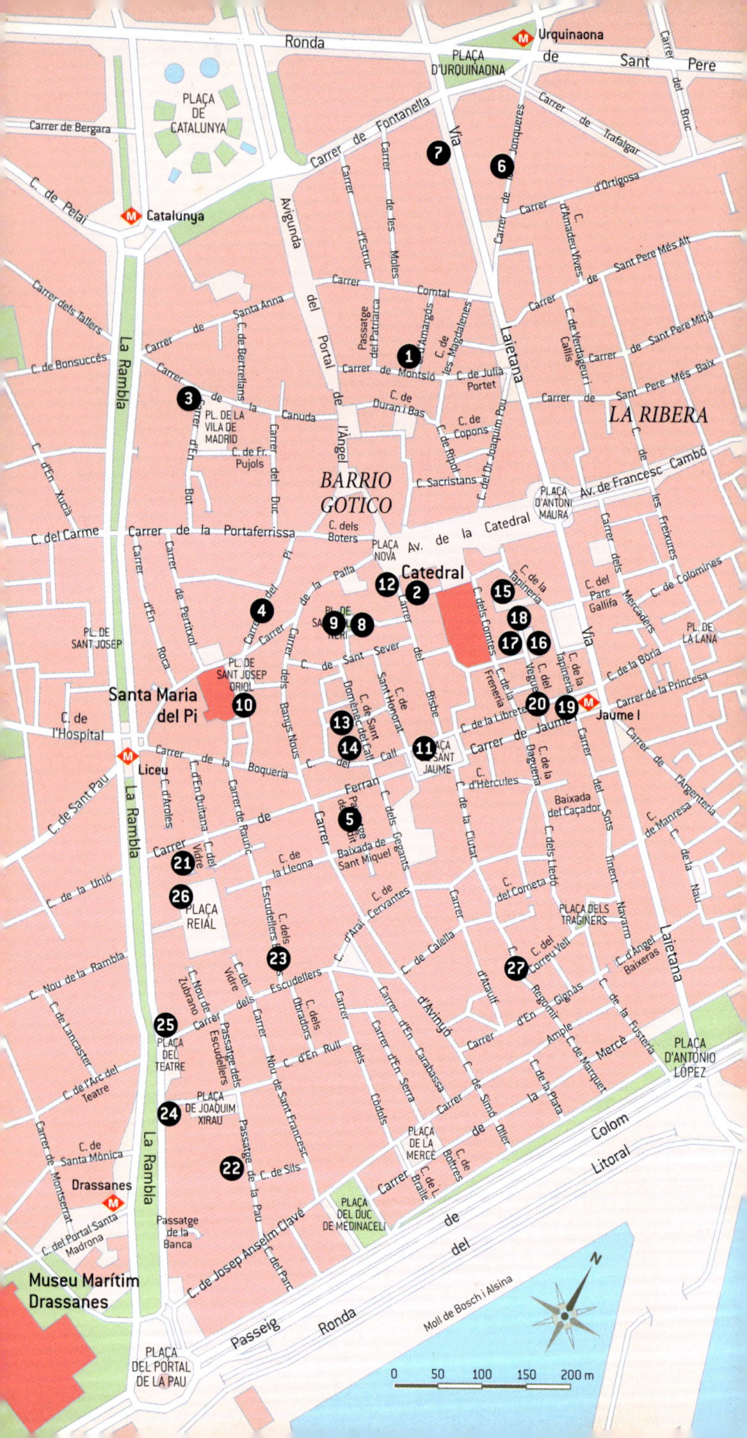

Ronda
Urquinaona
PLAÇA D'URQUINAONA
de Sant Pere
PLAÇA DE CATALUNYA
Carrer de Bergara
Carrer de Fontanella
Carrer de Trafalgar
Carrer de Jonqueres
Carrer d'Ortigosa
C. de Pelai
Catalunya
Avinguda del Portal de l'Àngel
Carrer d'Estruc
Carrer de les Moles
Via Laietana
C. d'Amadeu Vives
Carrer de Sant Pere Més Alt
Carrer Comtal
Carrer dels Tallers
Carrer de Santa Anna
Passatge del Patriarca
C. d'Amargós
C. de les Magdalenes
C. de Verdaguer i Callís
Carrer de Sant Pere Mitjà
C. de Bonsuccés
La Rambla
Carrer de Montsió
C. de Julià Portet
Carrer de la Canuda
C. de Barrellans
C. de Duran i Bas
Carrer de Sant Pere Més Baix
LA RIBERA
PL. DE LA VILA DE MADRID
C. de Copons
C. de Fr. Pujols
Carrer del Duc
C. de Ripoll
C. del Dr. Joaquim Pou
BARRIO GOTICO
C. Sacristans
PLAÇA D'ANTONI MAURA
Av. de Francesc Cambó
C. d'En Xuclà
Carrer d'En Bot
C. dels Boters
Av. de la Catedral
C. del Carme
Carrer de la Portaferrissa
PLAÇA NOVA
Catedral
Carrer dels Mercaders
C. de les Freixures
C. de la Palla
C. de la Tapineria
C. del Pare Gallifa
C. de Colomines
Carrer d'En Roca
Carrer de Petritxol
Carrer del Pi
PL. DE SANT JOSEP
PL. DE SANT FELIP NERI
C. dels Comtes
PL. DE LA LANA
C. de Sant Sever
C. de la Bòria
Carrer de la Princesa
PL. DE SANT JOSEP ORIOL
Carrer dels Banys Nous
Carrer del Bisbe
C. de la Freneria
C. del Veguer
Santa Maria del Pi
C. de l'Hospital
C. de Sant Domènec del Call
C. de Sant Honorat
C. de la Llibreteria
Jaume I
Carrer de Jaume I
Carrer de l'Argenteria
Liceu
Carrer de la Boqueria
C. del Call
PLAÇA SANT JAUME
C. d'Hercules
C. de la Dagueria
C. de Sant Pau
C. d'Aroles
C. d'En Quintana
Carrer de Rauric
Carrer de Ferran
Passatge del Crèdit
Baixada del Caçador
C. de Manresa
Carrer del Vidre
C. de la Lleona
Baixada de Sant Miquel
C. dels Gegants
C. de la Ciutat
C. dels Lledó
Carrer del Sots Tinent Navarro
C. de la Unió
PLAÇA REIAL
Carrer d'Avinyó
C. de Cervantes
C. de la Nau
C. del Cometa
PLAÇA DELS TRAGINERS
C. d'Arai
Escudellers
C. dels Escudellers
C. de Calella
C. del Correu Vell
C. d'Àngel Baixeras
C. Nou de la Rambla
C. Nou de Zurbano
Carrer dels Escudellers
C. dels Obradors
Carrer dels Còdols
Carrer d'En Carabassa
Carrer d'Ataülf
C. de Regomir
C. de Gignàs
C. de la Fusteria
PLAÇA DEL TEATRE
C. de Lancaster
Passatge dels Escudellers
C. d'En Rull
Carrer d'En Serra
Carrer de Simó Oller
C. d'En Ample
C. de Marquet
Mercè
PLAÇA D'ANTONIO LÓPEZ
C. de l'Arc del Teatre
PLAÇA DE JOAQUIM XIRAU
Carrer Nou de Sant Francesc
C. de la Plata
Colom
C. de Santa Mònica
Carrer de Montserrat
PLAÇA DE LA MERCÈ
C. de Sils
Passatge de la Pau
Litoral
C. de Bòtres
C. de L. Bralle
Drassanes
PLAÇA DEL DUC DE MEDINACELI
C. del Portal Santa Madrona
Passatge de la Banca
C. de Josep Anselm Clavé
C. del Parc
Passeig de Colom
Ronda del Litoral
Moll de Bosch i Alsina
Museu Marítim Drassanes
PLAÇA DEL PORTAL DE LA PAU
N
0 50 100 150 200 m
1 2 3 4 5 6 7 8 9 10 11 12 13 14 15 16 17 18 19 20 21 22 23 24 25 26 27

BARRIO GÓTICO

CUADRO TEMÁTICO

MARIONETAS TRAVIS

1

Amargós, 4
Metro Plaza Cataluña • Teléfono: 93 412 6692
• De lunes a sábado, de 10 a 14 y de 16 a 18 h

"Cómo convertirse en un títere

Desde 1977, Teresa Travieso se dedica a retratar a los clientes en los rostros de sus marionetas por precios que varían de acuerdo a los materiales empleados. Pero convertirse en un muñeco no es una tarea sencilla. Hacen falta algunas sesiones, tomar medidas y muchos cálculos matemáticos para reducir la cabeza de un ser humano al tamaño de una marioneta. También se pueden realizar a partir de fotografías, aunque los resultados nunca serán iguales.

Además de construir marionetas, Teresa también las restaura y las alquila. Vale la pena visitar la tienda, ubicada en una de las calles más estrechas del barrio gótico. Resulta entre aterrador y novedoso ver tantos muñecos colgando de un hilo. Teresa es una experta en la manipulación de marionetas, que bajo su tutela son capaces de realizar los movimientos más inesperados, incluso bailar como Michael Jackson.

QUÉ VER EN LOS ALREDEDORES

UN MIRADOR SECRETO

2

Archivo Histórico de la Ciudad de Barcelona
Santa Lucía, 1 bajo
Metro Jaume I
• Teléfono: 93 318 1195
• De lunes a viernes, de 9 a 20.45 h
• http://www.bcn.cat/arxiu/arxiuhistoric/

La tercera planta del Archivo Histórico de la Ciudad de Barcelona cuenta con unos ventanales que dan a la plaza de la Seu, y la Catedral de Barcelona. Desde aquí las vistas son espectaculares, y es por eso un lugar privilegiado y exclusivo para las pocas personas que lo conocen.

Para acceder hace falta subir a la Sala de Consulta General, el lugar adecuado para quienes disfrutan buceando entre documentos históricos. El archivo es monumental y reúne, entre otras perlas, todos los periódicos de los últimos 100 años y, en especial, los que se editaron durante la Guerra Civil. En total, el fondo hemerográfico está comprendido por 13.000 títulos de periódicos y revistas, y un total de 90.000 volúmenes. En resumen, el archivo más completo del periodismo barcelonés.

La sede del Archivo Histórico de la Ciudad se ubica en una antigua residencia eclesiástica llamada la Casa del Arcediano. La estructura original fue construida en el siglo XV aprovechando parte de la muralla romana. Desde entonces ha cambiado varias veces de dueño y ha sufrido muchas reformas, pero se han mantenido el patio y la pileta de la entrada, al igual que el buzón modernista, obra de Lluís Doménech i Montaner.

ATENEU BARCELONÉS

3

Canuda, 6
Metro Catalunya • Teléfono: 93 343 6121 • Todos los días, de 9 a 22.30 h
www.ateneubcn.org/
• Abierto para socios. La cuota mensual (21 €) permite el acceso a todos los servicios que ofrece el Ateneu: biblioteca, salones de tertulia, conferencias o cafetería.
• Si sólo se quiere visitar el jardín romántico se puede solicitar un permiso especial en la recepción.

"Un jardín y una biblioteca escondidos

El palacio Sabassona fue ordenado edificar por Josep Francesc de Llupià, barón de Sabassona, en 1779. El arquitecto que llevó a cabo las obras fue Pau Mas, aunque a principios del siglo XX el edificio sufrió varias reformas. El palacio está catalogado como monumento histórico-artístico de interés nacional y de su construcción, de estilo neoclásico, destaca la gran portalada de la calle Canuda.
Además de su importancia arquitectónica, el edificio cuenta con dos particularidades: las pinturas de Françesc Pla, El Vigatà, que a mediados del siglo XVIII destacó como pintor y decorador de interiores de casas señoriales y palacetes; y el jardín romántico, que se encuentra a cinco metros sobre el nivel de la calle. El jardín es un excelente lugar de descanso y cuenta con una amplia variedad de plantas y flores, un lugar mágico en pleno barrio gótico.
El palacio acoge desde 1907 al Ateneu Barcelonés, una entidad que se define a sí misma como "un baluarte de la tolerancia, la libertad y la cultura nacional". Además del jardín romántico y las obras de arte, el Ateneu cuenta con una fantástica biblioteca que ocupa más de 1.000 metros cuadrados. A ella pueden acceder todos los estudiantes e investigadores que justifiquen su interés en la historia, la cultura, la política y la vida social de Cataluña. Gracias a una reciente rehabilitación, la biblioteca ha recuperado el esplendor de 1860, año en que fue fundada. En este espacio se pueden revisar más de 300.000 volúmenes: una gran cantidad de incunables, decenas de miles de documentos históricos y ediciones especiales de los siglos XIV al XVIII. En definitiva, uno de los fondos históricos y patrimoniales más importantes de España.

ABREVADEROS PARA ANIMALES

Los abrevadores, donde hoy turistas y vecinos se refrescan del calor, estuvieron destinados hasta finales de los años cincuenta a los animales de carga que tiraban de los carros de mercancías. Estos se encuentran en el número 77 de Carrer de Vila i Vilá, en el Carrer de Consell de Cent, 40, y en la esquina de Portal de l´Ángel con Carrer de Cucurulla, donde se ubica el más antiguo de la ciudad (siglo XIV).
Los llamados "recaderos" eran quienes se encargaban de distribuir la mercancía en las zonas próximas al puerto, sobre todo en el Born y Poblenou. Los recaderos solían hacer paradas técnicas para que los animales de carga recuperaran energías. A las bestias solían dejarlas amarradas mientras ellos tomaban aguardiente y vino en los bares circundantes.

POLICLÍNICA DE BEBÉS

4

Pino, 3. Galería C, 5
Metro Liceu
- Teléfono: 93 317 6554
- De martes a sábado, de 11 a 13.30 y de 17 a 20.30 h
- Lunes sólo por las tardes

"Un hospital para muñecas

Las muñecas y los osos de peluche también sufrieron las consecuencias de la Guerra Civil. En 1946 María Rigoll, la primera mujer empresaria de España, abrió una clínica especializada en reconstruir, curar y ensamblar muñecas de todo tipo. Seis décadas después el negocio se mantiene activo gracias a la meticulosidad quirúrgica con la que recompone a sus pacientes.

Piernas, cabezas, pelucas y miles de pequeños vestidos son los protagonistas en esta tienda taller. Los clientes son de lo más variados: desde personas mayores que quieren volver a la infancia recuperando a sus mejores amigas, hasta niñas que quieren curar a su oso de peluche de la mordedura de un perro. El método varía de acuerdo al material del que está hecho la muñeca. Pero en general, los vestidos se confeccionan en la Policlínica, las pelucas las mandan a tejer, algunas piezas se importan y otras se reconstruyen. El problema más frecuente son las cabezas, que no siempre se encuentran. Es la parte del cuerpo más difícil de reemplazar. De ahí que sea necesario un espíritu detectivesco para dar con la cabeza adecuada. No se trata de cortar y pegar. En muchos casos hay que empezar de cero, como cuando llegó al taller una muñeca que había sido víctima de una sesión de vudú.

En la Policlínica también se dictan clases de cómo reparar muñecas y cómo personalizarlas. Si el cliente no está de acuerdo con el vestido de fábrica, puede encargar uno a su gusto, incluso puede cambiarle los zapatos, el color de pelo y hasta el color de ojos.

QUÉ VER EN LOS ALREDEDORES

PASSATGE DEL CREDIT

5

En este pequeño pasaje nació, en 1893, Joan Miró. Además de la discreta placa que recuerda su nacimiento, en el Passatge del Credit se puede ver un gran arco y un techo de madera tallada que bien merece la inclinación de cuello. Adentro hay una pared de ladrillos de cristal en tonos azules y blancos que perteneció a la antigua fábrica Gerfa. Hoy pertenece a un hotel moderno que desafortunadamente no ha sabido aprovechar el potencial de esta original estructura. El pasaje, a pesar de estar en pleno centro del barrio gótico, es un lugar tranquilo de casas privadas con balcones llenos de plantas.

MUESTRANOS SEÑOR TU FAZ Y SEREMOS SA

ORATORIO DE LA SANTA FAZ

6

Jonqueres, 27
Metro Urquinaona
• De lunes a viernes de 10.30 a 13.30, y de 16 a 19 h

Una capilla en casa

En una calle llena de tiendas especializadas en ropa de cama se ubica un edificio que no despierta demasiado la atención. La entrada está abierta al público aunque no existe ninguna señal que advierta al paseante que en la primera planta del edificio existe una capilla.

Por su curiosa ubicación, el Oratorio de la Santa Faz es uno de los lugares más insólitos de Barcelona. Está claro que antes fue una vivienda, y que su dueño, empujado por la devoción que sentía por la Santa Faz, decidió un buen día montar en casa un oratorio. Con los años, el dueño se convirtió en anfitrión y consejero de miles de fieles, que obviamente compartían la encendida adoración por el rostro de Cristo en sus momentos de dolor. Según la tradición, fue Verónica quien enjugó el sudor y la sangre de Cristo con un pañuelo de lino en el que quedó milagrosamente impreso el rostro del Mesías, y es por eso que se le rinde tributo.

En este oratorio, que con los años y tras la muerte de su dueño se ha convertido en una capilla pública, se viene a adorar una réplica de la Santa Faz de Roma. Todo en un perfecto silencio que acentúa la espiritualidad del lugar.

QUÉ VER EN LOS ALREDEDORES

EL RELOJ LUMINOSO DE LA VÍA LAIETANA, 69

7

Desde 1935 cientos de personas pisan diariamente el reloj que se ubica en la acera del número 69 de la Vía Laietana. Obra de Juan Cabrerizo, el reloj tiene dos metros de diámetro y los números están pintados de dorado. Es de hormigón y cuarzo y marca las horas y los minutos con luces. Durante mucho tiempo, y debido al descuido de los nuevos inquilinos del edificio, el reloj dejó de funcionar. En 1989, tal y como se puede leer en una placa recordatoria, se localizó a un hijo del relojero Cabrerizo que rehabilitó la maquinaria.

MUSEO DEL CALZADO

8

Plaza de Sant Felipe Neri, 5
Metro Liceu

- Teléfono: 93 301 4533
- De martes a domingo, de 11 a 14 h
- Entrada: 2,40 €

> *El zapato más grande del mundo*

El Museo del Calzado contiene una insólita e interesante colección de zapatos de todas las épocas. En este pequeño y atractivo museo uno puede apreciar las sandalias gigantes que antiguamente advertían al paseante analfabeto que la tienda era en realidad una zapatería. O los zapatos de punta afilada que el gobierno francés prohibió en el siglo XVI por considerarlos un arma mortal, y que hoy, paradójicamente, han vuelto a ponerse de moda. Asimismo, pueden verse las sandalias que usaban los pastores del Imperio Romano y filigranas de los siglos XVIII, XIX y principios del XX. En otra de las vitrinas se exhiben zapatos de satén, borceguíes, babuchas orientales, las botas originales de un mosquetero, y otros modelos que muestran la evolución del calzado desde el siglo I hasta nuestros días.
Otra de las piezas que brilla por su curiosidad es la réplica del zapato gigante de 1,22 metros que lleva la estatua de Colón (de 56 metros, ubicada en la Puerta de la Paz) y también la horma que sirvió para confeccionarlo.

EL LEÓN DE SAN MARCOS, PATRÓN DE LOS ZAPATEROS

El bajorrelieve de un león en la fachada del edificio del Museo del Calzado fue el símbolo oficial del gremio de los zapateros y guarda relación con su patrón, san Marcos.
Para entender por qué san Marcos se convirtió en el patrón de los zapateros habría que remontarse a la Alejandría del año 42, cuando un tal Ananios fue curado milagrosamente después de herirse mientras remendaba el zapato del santo.
A san Marcos se le asocia con un león porque el evangelio que se le atribuye se inicia con imágenes del desierto, donde el león es el rey.
En el Museo Nacional de Arte de Cataluña se puede ver un fresco perteneciente al ábside de San Clement de Taull en el que aparece el león de san Marcos. Lo curioso es que los pintores de la época (siglo XII) no estaban familiarizados con la figura de un león. Así que el león de san Marcos más bien tiene la forma de un oso.

UN EDIFICIO DESMONTADO PIEDRA A PIEDRA

La casa del Museo del Calzado es la misma que en el año 1565 albergó la Cofradía de San Marcos Evangelista y el Gremio de Maestros Zapateros. Antes estuvo ubicado en la desaparecida calle de Corribia, que fue bombardeada durante la guerra. El edificio entero fue desmontado piedra a piedra, trasladado y vuelto a erigir en esta simpática plaza como parte de la obra de "creación" del barrio gótico realizada por el arquitecto Adolf Florensa.

QUÉ VER EN LOS ALREDEDORES

HUELLAS DE METRALLA DE LA GUERRA CIVIL 9

Un detalle histórico del edificio del Museo del Calzado en particular, y de la plaza de Sant Felipe Neri en general, son las fachadas, que conservan rastros de la metralla que durante la Guerra Civil acabó con la vida de una veintena de vecinos de la plaza, en su mayoría niños.
Según algunos historiadores este episodio trágico se produjo el 30 de enero de 1938 y fue el segundo más fuerte que sufrió la ciudad durante la guerra. En esta plaza, sin duda uno de los rincones más serenos del centro de Barcelona, se ubica la iglesia adonde alcanzaron a refugiarse las víctimas sin saber que un obús traspasaría la bóveda.

EL MILAGRO DE LA IGLESIA SANTA MARÍA DEL PI 10

En la iglesia de Santa María del Pi, que formaba parte del radio de acción de Josep Oriol, puede leerse una placa de mármol envejecido que cuenta la historia de un milagro. La placa data de 1806. Sin duda, valga la aclaración, corrían tiempos bastante más tranquilos que los actuales.
"El 6 de abril de 1806 llegó la noticia de la aprobación de los milagros del siervo de Dios Dr. José Oriol, con cuyo motivo iluminóse exteriormente esta iglesia y al pasar por este puentecito se cayó desplomado al suelo el director José Mestres sin recibir el menor daño, a pesar de su extraordinaria gordura, como consta en el archivo de la R. Comunidad, y para cuyo recuerdo se colocó esta lápida".

VIDA DE SANTO

Josep Oriol es uno de los santos más queridos en Barcelona. Su vida es un compendio de privaciones marcadas por su tendencia al ayuno, sacrificio que surgió como una revelación después de trabajar como tutor de los hijos de una acaudalada familia. Cada vez que se sentaba a la mesa, supuestamente a compartir los suculentos platos, la mano se le paralizaba. Esto fue entendido como una señal divina.
Desde ese día Josep Oriol se alimentó únicamente de pan y agua hasta su muerte, a los 52 años. Sólo los domingos añadía algunas hierbas al pan más seco y duro que encontraba. En vida, Oriol ayudó mucho a los enfermos y llevó una de las vidas más humildes de todo el santoral. De ahí que no tardara más de 200 años en ser canonizado por Pío X.

CASAS DE BAÑOS

En la esquina de la calle de la Palla, una placa con el nombre de la calle (Banys Nous) recuerda las casas de baños. Estos lugares proporcionaron un servicio de primera necesidad desde el año 1160 hasta 1991. La placa de cerámica es reciente y se ubica a la altura de la Baixada de Santa Eulalia. En cambio, la placa de la calle L´Arc del Teatre, en el Raval, data de 1814, es metálica y está sujeta por cuatro clavos que simulan ser manos.

LA BARCELONA ROMANA

En el año 15 a.C., Barcelona se llamaba Colonia Augusta Faventia Paterna Barcino, o sencillamente Barcino. Todo lo que hoy existe ha sido construido sobre los restos de esa ciudad romana, de la que han quedado algunos vestigios. De todos ellos, sin duda alguna los más impactantes son las murallas romanas del siglo III.

Construidas con adobe, mampostería y cemento, las murallas medían casi dos metros de ancho y tenían un perímetro de unos mil doscientos cincuenta metros. Estas diez hectáreas de terreno tenían una forma similar a la de un ataúd ancho y cuatro puertas de acceso (parte de una de ellas se encuentra en la calle Regomir). Los muros que actualmente pueden verse se adosaron a la cara externa de las anteriores llegando a alcanzar una anchura de ocho metros. Contaban con setenta y seis torres, de las que han sobrevivido pocas y no precisamente las más espectaculares.

Si se quiere recorrer el perímetro de la muralla a pie lo más recomendable es partir de la plaza Nova, frente a la Catedral. Aquí se encuentra en buen estado de conservación. También puede verse una de las antiguas puertas de entrada a la ciudad romana y los restos de los acueductos que traían agua. El trazado romano continúa por la avenida de la Catedral, la calle Tapinería, la plaza Ramón Berenguer (donde puede verse una torre de defensa), y la calle Sots-Tinent Navarro hasta la plaza dels Traginers. Luego se puede tomar la calle Correu Vell y la calle Regomir. Lo ideal es proseguir por la calle Avinyó, detenerse frente a la torre ubicada en el número uno de la calle del Call, tomar la calle Banys Nous y la calle de la Palla, que desemboca en el inicio del recorrido.

Durante la Edad Media el antiguo cercado romano resultó insuficiente para contener una ciudad próspera y en expansión. Por ello, el rey Jaume I decidió ampliar la fortificación, empresa que tardó más de un siglo en llevarse a cabo. Las nuevas murallas, que circundaban los principales barrios de la Barcelona de esa época, rodearon un área veinte veces más grande que el perímetro romano, y conformaron lo que hoy se conoce como el barrio gótico.

Para complementar el recorrido por la Barcelona romana es recomendable visitar el subsuelo del Museo Histórico de la Ciudad, donde se encuentra el conjunto más importante de restos de la antigua Barcino.

EL PUNTO MÁS ALTO DE LA BARCELONA ROMANA

Una rueda de molino en el suelo del número 10 de la calle Paradís indica el punto más alto de la Barcelona romana. Según algunos documentos medievales, la colina donde se fundó el primer asentamiento romano en Barcelona se llamaba monte Tàber, también conocido como monte Miracle. Su altura no excede los 16 metros y es apenas perceptible por el caminante que recorre el barrio gótico. Sin embargo, en el siglo I d.C. esta inclinación le dio mucha más prestancia e imponencia al templo de Augusto.

SALÓN DE CIENTO

11

Plaza Sant Jaume, 1
Metro Jaume I
- Teléfono: 93 402 7300
- Domingos, de 10 a 13.30 h
- Entrada libre previa concertación de cita telefónica
- www.bcn.cat

Consejo medieval y democrático

El Salón de Ciento se ubica en el complejo gótico con fachada renacentista que alberga las oficinas y salas de actos del Ayuntamiento. Aquí se reunió el Consejo de Ciento desde su establecimiento, en el siglo XIII, hasta el siglo XVIII. Esta institución conformada por un total de cien personas permitió que trabajadores y artesanos en general tuvieran el mismo derecho de voto que los banqueros o los terratenientes. Esta sala, donde se tomaron tantas importantes decisiones políticas en la vida de Barcelona, fue proyectada por el arquitecto Pere Llobet en 1360, y fue inaugurado en 1373. En 1842 sufrió graves deterioros debido a los bombardeos de una revuelta obrera y fue Lluís Doménech i Montaner el encargado de remodelarla. Antoni Gaudí también postuló a la remodelación pero no ganó el concurso para su adjudicación.
El espacio que hoy se puede visitar mantiene la majestuosidad de la estructura, constituida por cuatro arcos de diafragma con un tendido de vigas de madera entre ellos. Admite visitas únicamente los domingos.

En el número tres de la calle Regomir se ubica uno de los edificios más antiguos de Barcelona todavía en uso. Actualmente es un centro cultural pero hace muchos siglos fue una torre del primer asentamiento romano en la zona. Todavía en época romana fue convertido en baños, y luego, en el siglo XV, en la vivienda particular de una familia muy acaudalada.

El nombre de la calle Regomir proviene del rey musulmán Gamir, que habitaba en esa misma calle cuando Luis El Piadoso, también conocido como Ludovico Pío, conquistó la ciudad en el año 801.

EL ÚLTIMO RESTO DE LA SEDE DEL TEMPLE EN BARCELONA

En el Pasaje Timó, se puede ver el último resto de la sede del Temple en Barcelona. La Orden del Temple era una poderosa organización religiosa y militar que tuvo mucha influencia en la Edad Media. Esta pequeña puerta, hoy bastante deteriorada por actos vandálicos, permitía atravesar la muralla romana que circundaba la ciudad. Los miembros de la orden disfrutaban de esta entrada particular gracias a la concesión de Jaime I, quien durante su juventud fue adoctrinado por los caballeros templarios de Barcelona.

LA CANA DE SANTA LUCÍA

12

Carrer del Bisbe, en la fachada de la capilla de Santa Lucía, adosada a la catedral de Barcelona.

> **_Una posible medida de longitud_**

En la esquina de la capilla de Santa Lucía se puede ver una moldura delgada que aparenta ser una medida de longitud. En efecto, en el siglo XII, este junquillo fue considerado erróneamente el patrón del destre, una antigua escala utilizada en Barcelona. La cana destre equivalía a ocho palmos, seis pies o dos pasos. Cada reino tenía una medida diferente y en Barcelona la cana medía 1,55 metros, que es más o menos la medida del junquillo de Santa Lucía.
Esta moldura pudo haber sido un elemento decorativo que por su similitud con la cana destre se prestó a todo tipo de confusiones. Pero no medía los ocho palmos necesarios a pesar que mucha gente la utilizó para medir. Algunos historiadores han dicho que la marca en cuestión podría señalar el nivel de la capa freática antes de la construcción de la capilla. Pero lo más probable es que se haya tratado del capricho de un arquitecto, que los pobladores de la Barcelona antigua confundieron con una medida de longitud.

¿QUÉ MEDIDA DE LONGITUD EXISTÍA EN ESPAÑA ANTES DEL METRO?

Una de las medidas más empleadas antes del metro fue la legua, que medía la distancia que un caballo o una persona recorrían en una hora. El rango variaba de acuerdo al terreno de cada país, y también según la voluntad de los reinos de turno, pero oscilaba entre los cuatro y los siete kilómetros. En España, la legua se fijó primero en 5.000 varas castellanas, es decir en 4,19 kilómetros, y hacia el siglo XVI en 20.000 pies castellanos, equivalentes a 5.573 metros.
También se empleó la vara, que equivalía a 33 pulgadas. La vara castellana estaba dividida en dos codos o cuatro palmos y medía 83,59 centímetros aproximadamente. La braza, cuya longitud equivalía a un par de brazos extendidos, fue una unidad de longitud náutica que luego se descartó por ser considerada imprecisa. La pulgada se medía con la primera falange del pulgar y los pies, con los pasos.
Entre otras medidas de longitud empleadas hasta que el metro se convirtió en la medida oficial están: la avanzada, la caballería, el celemín, la cuerda, la fanega, el estadal, el jeme, y la peonia.

VESTIGIOS DE LA SINAGOGA MAYOR

13

Marlet, 5
Metro Liceu
• Teléfono: 93 317 0790 • De lunes a sábado, de 11 a 14.30 y de 16 a 19.30 h
• Entrada: 2 € • www.calldebarcelona.org

> *Una Sinagoga Mayor muy pequeña*

Uno de los emblemas del Call, la judería anclada en pleno barrio gótico, es sin duda la Sinagoga Mayor, que data del siglo I y todavía conserva parte de la edificación original, orientada hacia Jerusalén.
A pesar del nombre, la Sinagoga Mayor es muy pequeña. Mide tan sólo 60 m2 pues antiguamente no permitían que las sinagogas excedieran los 80 m2. Dentro de ella también se puede ver una recreación de cómo pudo haber sido el Call en la antigüedad, con vistas al Foro Romano. También cuenta con algunas reliquias, como unos platos de peltre usados durante la Pascua por las familias judías de Europa del Este, y una Menorah, obra del artista mallorquín Ferrán Aguiló.
La Sinagoga Mayor fue clausurada como tal en 1391. Actualmente es dirigida por una asociación de judíos reformistas y está disponible para fiestas judías típicas como el Bar Mitzvah, el Kidushin o el Kadish.

QUÉ VER EN LOS ALREDEDORES

LA LÁPIDA DE SAMUEL ASARDI

14

Fuera de la Sinagoga existe una lápida con inscripciones en hebreo, que en español dice "que su nombre no se acabe nunca, que su luz permanezca eternamente". Fue hallada en 1820, pero data del siglo XII y fue colgada en honor a Samuel Asardi, un rabino de la comunidad judía que en el año 1200 donó una casa de caridad. Debido a los repetidos actos de vandalismo que ha sufrido tuvieron que trasladar la original al Museo de Historia. La que se puede ver en la calle Marlet es una réplica.

EL CALL

Call proviene de la palabra hebraica *quhal*, que significa reunión, y es como se le denomina a los barrios judíos en Cataluña.
El barrio judío del Call de Barcelona está ubicado entre las puertas del Castell Nou y el Palau Episcopal, que antes formaba parte de la gran muralla romana, entre las calles de l´Arc de Sant Ramón, Call, Bisbe y Sant Sever. A mediados del siglo XII se amplió su extensión hasta la actual iglesia de Sant Jaume, zona que se conoce como el Call Menor.
Los judíos del Call vivieron su apogeo entre los siglos XII y XIV, tanto por su próspera industria y comercio como por ser prestamistas de Jaime I y sus sucesores. En el año 1391, y tras una trágica revuelta que acabó con miles de vidas, se abrieron las puertas del gueto judío. Sólo sobrevivieron algunos, muchos lograron huir y otros se convirtieron al cristianismo. En 1424 fueron expulsados del Call, y en 1492, de Barcelona y de España.

LAS CALLES GREMIALES DEL BARRIO GÓTICO

Dagueria (cuchilleros), Agullers (alfileteros), Cotoners (algodoneros), Espaseria (espaderos), Mirallers (espejeros), Corders (cordeleros), Fusteria (carpinteros), Escudellers (escudilleros) o Tapineria, donde los zapateros hacían tapines o sandalias femeninas de corcho forrado con cuero y tejido, son los nombres de algunas de las calles donde se congregaban los gremios barceloneses en la Edad Media.

Los gremios eran organizaciones familiares que se agrupaban en cofradías. Las tres más importantes fueron los *elois*, los *julians* y los *esteves*, que tomaron su nombre de los santos patrones san Eloy, san Julián y san Esteban. Formar parte de un gremio no era una tarea sencilla, mucho menos hereditaria. La pertenencia se ganaba a pulso. Los aprendices tenían que aprobar una serie de requisitos que demostraran sus aptitudes en el oficio. Las pruebas eran arduas, pues de lo que se trataba era de mantener un estándar irreprochable. Por ejemplo, si un artesano decidía emplear materiales de inferior calidad, los "veedores", que solían recorrer los talleres, los denunciaban y obligaban a colgar las piezas defectuosas en la puerta del taller para así desprestigiarlos.

A nivel práctico los gremios servían para hacer valer los derechos de los trabajadores, fijar los precios, regular las relaciones entre aprendices y maestros y garantizar la calidad de los productos, pero su influencia en la sociedad caló más profundo. Fueron grupos de poder que mantuvieron estrechos lazos con la iglesia y llegaron a negociar sus privilegios con los monarcas, además de contar con representantes en el Consejo de Ciento. En tiempos de crisis lo gremios se encargaban de organizar la defensa de la ciudad. En otras palabras, su influencia no se limitó a la organización y promoción de un grupo de artesanos, o a un estricto control de calidad, sino que repercutió en todos los estratos de la sociedad barcelonesa medieval.

Los integrantes de un gremio no sólo compartían una calle, también herramientas e insumos. Además, la concentración de un grupo de artesanos en un mismo espacio resultaba muy cómodo para los compradores. De hecho, cuenta la leyenda que un ciego podía saber en qué calle se ubicaba exactamente si se dejaba guiar por el olor que despedían los talleres.

El vínculo con la iglesia se manifestó en el culto a los santos patrones. San Abdón y san Zenón fueron los patrones de los hortelanos; san Pedro, de los pescadores; san Juan Bautista, de los curtidores; santa Eulalia, patrona oficial de la ciudad, también lo fue de los albañiles y picapedreros; los doctores y barberos le rindieron tributo a san Cosme y san Damián. Un caso especial es el de los herreros, de quienes dependían todas las herramientas de los demás artesanos además de las armas de defensa y objetos de caballería. Ellos fueron amparados por san Eloy.

Los gremios existieron durante 600 años, hasta mediados del siglo XIX, cuando los grandes capitales, y sobre todo las fábricas, abatieron los negocios familiares.

QUÉ VER EN LOS ALREDEDORES

SÍMBOLOS DE GREMIOS

15

Ubicadas en la curvatura del ábside, en el ángulo este de la Catedral de Barcelona, casi en frente de la entrada del Museo Marés, dos esculturas atraen la atención del paseante.

Las dos imágenes pertenecen a la cofradía de San Esteban, que en su momento abarcó varios gremios (ver página 32). Las tres cofradías más importantes de la época fueron la de san Eloy, san Julián y san Esteban. Estas asociaciones servían de ayuda a los miembros del gremio y funcionaban como una compañía de seguros actual.

Las imágenes mencionadas aluden específicamente al gremio de los freneros. La primera imagen (a la izquierda) está representada por la silla y el freno, y corresponde al símbolo de los fabricantes o vendedores de frenos para caballerías. La segunda (abajo) es una corona de laurel con tres esferas de piedra que rememoran el martirio que sufrió san Esteban: la lapidación.

La cofradía de san Esteban tuvo una gran influencia durante los siglos XIV y XV y agrupó, en su mayoría, a los oficios vinculados a la caballería. El gremio de los freneros ostentaba el primer lugar en jerarquía y por ello poseía una capilla en el altar mayor de la catedral. Los símbolos correspondientes a la imágenes se ubicaron en esta zona de la catedral porque era la más próxima a la calle de la Frenería, donde antiguamente se agrupaban estos trabajadores.

SAN ESTEBAN, EL PRIMER MÁRTIR

Conocido como el primer mártir cristiano, san Esteban fue uno de los siete diáconos encargados de ayudar a los apóstoles y se entregó con vehemencia a la conversión de muchos judíos a la fe cristiana. Lo acusaron de blasfemia contra Moisés y contra Dios, y murió apedreado a las afueras de Jerusalén. No hay un motivo concreto por el que los freneros se hayan identificado con san Esteban. De hecho, a lo largo de su historia la cofradía asumió la responsabilidad de otros gremios muy distintos entre sí, como los pintores, los lanceros y los bordadores.

LOS PECHOS DE SANTA ÁGATA

16

Capilla de Santa Ágata del Museo Histórico de la Ciudad
Plaza del Rei, s/n
Metro Catalunya, Urquinaona, Jaume I, Liceu • Teléfono: 93 315 1111
• Del 1 de octubre al 30 de marzo: de martes a sábado, de 10 a 14 y de 16 a 19 h
• Del 1 de abril al 30 de septiembre: de martes a sábado, de 10 a 20 h
• Durante todo el año: domingos y festivos, de 10 a 15 h
• Lunes cerrado • Entrada: 5 €
• www.museuhistoria.bcn.cat

Una cruel tortura

Construida en 1302 por orden de Jaime II, la capilla de Santa Ágata está empotrada en una muralla romana, y es uno de los rincones religiosos más solitarios de Barcelona.
El protagonismo se lo llevan el resto de edificios que comprenden el Museo Histórico de la Ciudad, como el yacimiento arqueológico ubicado en el subsuelo: 4.000 m2 de ruinas romanas, entre las que destaca una instalación vinícola del siglo III d.C.
En la capilla, un cuadro atrae poderosamente la atención. Se trata de Santa Ágata, a quien se ve sosteniendo sus propios pechos en una bandeja.
En este lugar también se conserva el Retablo de la Epifanía, obra del siglo XV firmada por Jaume Huguet, que registra los últimos instantes de la vida de Jesús.
A la derecha del altar hay una escalera muy discreta que conduce a la torre del rey Martín el Humano, del siglo XVI. Subir por estas escaleras es más una cuestión de agilidad que de interés histórico.

SANTA ÁGATA

Siciliana, noble, bonita y beata, Ágata fue acosada por el senador Quintanius en el siglo III. Quintanius quería hacerla suya aprovechando las persecuciones a los cristianos impuestas por el emperador Trajano Decio. Ante el rotundo rechazo de la virgen cristiana, el senador la sometió a las más crueles torturas. Primero la envió a un prostíbulo, del que milagrosamente regresó virgen. Luego, preso de la furia, hizo que la torturaran hasta cortarle los pechos. Ágata se consoló con la imagen de San Pedro, quien la salvó del dolor pero no de la muerte. En el año 250, justo un año después de su fallecimiento, el volcán Etna erupcionó y los pobladores invocaron a Santa Ágata para que detenga el derramamiento de lava. Desde entonces, es la patrona de Catania y de Sicilia. También de las enfermedades mamarias.

UNA BOMBA EN EL MUSEO HISTÓRICO DE LA CIUDAD

La noche del 7 de noviembre de 1893 el joven anarquista Santiago Salvador ingresó al teatro Liceo a ver la representación de Guillermo Tell, de Rossini, con dos bombas en los bolsillos. Una de ellas mató a veinte de los espectadores sentados en el patio de butacas. La otra, que no llegó a explotar, se puede ver en el Museo Histórico de la Ciudad.
El artefacto de metal y forma circular lleva el nombre de Felice Orsini (1819-1858), revolucionario italiano que atentó con el mismo tipo de bomba contra Napoleón III cuando se dirigía a la ópera.

LOS TEDEROS DE LA PLAZA DEL REY

17

Plaza del Rey
Metro Jaume I

Y se hizo la luz en Barcelona...

En la plaza donde se ubica el Museo Histórico de la Ciudad se pueden ver las réplicas de tres tederos o farolas medievales (hay otros dos en la Plaza de Santa María del Mar).

Estas farolas funcionaban con resina, porque era muy fácil de encender, tardaba en apagarse y olía bien. El buen olor que despedían las farolas fue muy importante en la época, lo mismo que los inciensos en las iglesias, porque servían para neutralizar el aroma de los recintos cerrados, donde se congregaban muchos peregrinos en tiempos en los que no había desodorante ni champú.

Hacia 1725 se usaban todavía este tipo de lámparas de aceite en Barcelona. Recién un siglo más tarde se inició la instalación del alumbrado a gas, exactamente el 24 de junio de 1826, día de San Juan. Esa noche se iluminó por primera vez el edificio que hoy alberga la Bolsa de Valores de Barcelona (Paseo de Gracia, 19). A partir de 1842 empezaron a iluminarse la Rambla y algunas otras calles y plazas con el mismo sistema.

Un año antes, el francés Charles Lebon acordó la construcción de la primera fábrica para producir gas, la Sociedad Catalana para el Alumbrado por Gas que gestionó el alumbrado a mayor escala, sobre todo en las incipientes industrias.

Formalmente, y de manera generalizada, la luz eléctrica no llegaría a Barcelona hasta 1904, aunque los primeros pasos de esta gran industria se remontan a 1873. Fue en este año que el óptico y físico barcelonés Tomás Dalmau y el ingeniero Narciso Xifrá pusieron en marcha la primera planta de electricidad (muy modesta todavía). El sistema funcionaba a partir de cuatro motores de gas que movían las máquinas llamadas Gramme, de 200 voltamperios cada una. Estas máquinas distribuyeron energía a varios establecimientos de la ciudad. En 1888 se instalaron las primeras farolas eléctricas, que coexistieron con las de gas hasta mediados del siglo XX.

LA CASA DEL VERDUGO

Se dice que en la Edad Media, en esta misma plaza, justo enfrente de la calle Pietat, en una casa muy pequeña que debe haber sufrido cientos de remodelaciones a lo largo de la historia, vivía el verdugo. El encargado de ejecutar a los condenados ejercía un oficio bastante despreciado. Por ello se tejieron todo tipo de mitos a su alrededor, como por ejemplo que nadie podía tocarlo, ni siquiera su sastre. Por ello vestía únicamente un saco que ataba con una cuerda. Finalmente, el rey se compadeció de su suerte y le concedió un permiso especial al sastre real para que le tomara las medidas y le confeccionara un traje que no levantara las sospechas de los vecinos.

LA SALA FEMENINA DEL MUSEO FREDERIC MARÈS

18

Plaza de Sant Iu, 5-6
Metro Jaume I

- Teléfono: 93 310 5800
- De martes a sábado, de 10 a 21 h
- Domingos y festivos, de 10 a 15 h
- Lunes cerrado
- Entrada: 3 €
- www.museumares.bcn.es

> *La vida privada de las mujeres románticas*

Frederic Marès fue un gran coleccionista. A lo largo de sus 98 años de vida cultivó una pasión por los objetos que compartió con sus facetas de escultor, historiador, pedagogo y defensor del patrimonio artístico. La sala más especial del museo que legó Marès es sin duda la Sala Femenina, comprendida por los cientos de accesorios que convivieron con las mujeres de época: abanicos, peines, cajitas, joyas, figurines de moda, sombreros, un sinfín de objetos que algunas veces alcanzan un nivel de sofisticación tan inverosímil que hace falta verlos para creer que realmente existen. Todo un catálogo del pasado y un sorprendente testimonio de la vida cotidiana femenina del siglo XV al XIX.

Marès, además de coleccionista de juguetes, autómatas, pipas, pesebres, dagas o cámaras fotográficas, fue un experto en escultura monumental. De hecho, son suyas muchas de las obras que hoy adornan las calles de Barcelona, como *Niña encima del pez*, ubicada en el cruce de la Gran Vía de les Corts Catalans y la Rambla de Catalunya. También realizó varios encargos conmemorativos de carácter oficial, como las estatuas yacientes de Jaime I y Jaime II, en la catedral de Mallorca. En contra de lo que podría pensarse, Marès no perteneció a una familia adinerada, como muchos otros coleccionistas célebres. El éxito de sus esculturas le permitió dar rienda suelta a su pasión por el coleccionismo, que se inició cuando, siendo un niño, acumulaba juguetes y envoltorios de chocolates. Además de los miles de objetos pintorescos, el museo conserva una importante colección de escultura religiosa española de los siglos XII al XVIII.

EL ESCUDO DE LA ANTIGUA SEDE DE LA SANTA INQUISICIÓN

En una de las fachadas del museo se puede ver el escudo y símbolo del tribunal eclesiástico de la Inquisición en Barcelona. Bajo este sello, en 1542 se juzgaba, torturaba y asesinaba a los herejes y a los conversos. Es uno de los pocos vestigios que recuerdan las atrocidades que se vivieron en la época. El escudo descansa al lado de una antigua puerta (ahora cerrada).

EL EXTRAÑO ÁNGEL

19

Plaza del Ángel, 2
Metro Jaume I

El milagro de Santa Eulalia

En el número dos de la plaza del Ángel hay un extraño personaje de bronce. Supuestamente es un ángel, pero cuesta trabajo pensar que esa figura andrógina, sin alas, con una cruz en la frente y con cara de furia tenga buenas intenciones.

Pero lo realmente curioso es que tiene el brazo izquierdo estirado y apunta con el dedo hacia un lugar donde dicen que ocurrió un milagro. Dicho lugar es el arco ubicado en la Baixada de la Llibretería. Allí, antiguamente, existió un retrato de santa Eulalia, patrona de la ciudad de Barcelona. Cuenta la leyenda que en el año 879 se trasladó el cuerpo de santa Eulalia desde Santa María del Mar a la catedral. En el camino alguien robó un dedo de la santa y, hasta que no restituyeron el miembro amputado, no hubo fuerza humana que pudiera mover el cuerpo.

La figura de la plaza del Ángel es una réplica. El original, que data de 1618, se encuentra en el Museo Histórico de la Ciudad. El retrato de santa Eulalia desapareció a finales del siglo XIX.

QUÉ VER EN LOS ALREDEDORES

LA TIENDA MÁS ANTIGUA DE LA CIUDAD

20

Cerería Subirá. Baixada Llibreteria, 7. Teléfono: 93 315 2606. De lunes a viernes, de 9 a 13.30 h. Sábados, de 16 a 19.30 h.

A escasos metros de la plaza Sant Jaume se ubica la Cerería Subirá, una pieza de colección dentro de la red de establecimientos barceloneses por ser la tienda más antigua de la ciudad.

El negocio de las velas empezó en 1761 y la tienda abrió sus puertas en 1847. Lo más curioso es que en 250 años de existencia el negocio sólo ha tenido dos dueños. Las familias han traspasado el oficio de generación en generación, y con los años han ido perfeccionado el estilo hasta convertirse en la cerería más cotizada entre las iglesias de Barcelona, que adquieren el 50 por ciento de la producción total de velas. El otro 50 por ciento es para los clientes de a pie, que prefieren las velas decorativas, desde las talladas con la forma de muñecos de Disney hasta otras más sofisticadas.

A lo largo de su existencia la Cerería Subirá ha tenido que enfrentar muchos inconvenientes. Después de la Guerra Civil pocos entendían el significado decorativo de una vela. En vez de parecerles romántico o íntimo, les remitía a una etapa de restricciones y sufrimientos. Tuvieron que pasar algunos años para que los barceloneses volvieran a apreciar la atmósfera que genera la luz de las velas.

Delg

LA FUENTE DE LA HERBORISTERÍA DEL REY 21

Vidre, 1
Metro Liceu
• Teléfono: 93 318 0512
• De martes a sábado, de 10 a 14 y de 17 a 20 h

> **"*Una fuente donde se colocaban las sanguijuelas contra la apoplejía*"**

Fundada en 1823, la Herboristería del Rey ha sabido mantener la decoración de la época, de estilo isabelino con algunos detalles góticos, creada por el conocido escenógrafo Francesc Soler i Rovirosa.
En la parte baja de la tienda se pueden ver los cajones que pertenecieron a una embarcación de finales del siglo XVIII; y en el techo, frescos con más de un siglo de vida. También llama la atención una escultura de Fausto Baratta Rossi en honor a Carlos Linneo, el botánico sueco que inventó el sistema de clasificación y nomenclatura de las plantas. La escultura tiene una pequeña fuente donde antiguamente se colocaban las sanguijuelas. Estos animales servían para bajar la tensión arterial de los pacientes al borde de la apoplejía. Muchos piensan que el busto que corona la fuente de las sanguijuelas pertenece al rey Carlos III, por el tipo de peluca que lleva puesta. Pero en realidad se trata de Carlos Linneo.
Hasta 1857, año en que la reina Isabel II les otorgó el título de "Proveedores de la Casa Real", la herboristería se llamó La Linneana en honor al mítico botánico.
Hoy la Herboristería del Rey plantas medicinales. Desde la clásica manzanilla para la infusión de todos los días hasta la malva para curar los problemas bronquiales, o ginko biloba para la circulación de la sangre al cerebro. Además de plantas y hierbas medicinales, todas legales por si cabe alguna duda, aquí también se pueden encontrar otros productos de primera calidad, como el aceite de oliva, el azafrán y mieles muy recomendables.

QUÉ VER EN LOS ALREDEDORES

ALQUILAR UNA OBRA DE ARTE 22

Crea 21 Galeria d'Art
Passatge de la Pau, 14
Metro Drassanes • Teléfono: 93 317 5851
De lunes a viernes, de 11 a 20 h • www.crea21.net

No todo el mundo puede presumir de tener obras de arte en su salón, y por eso la galería Crea 21 ofrece una variante que permite impresionar a los invitados en una noche especial. Esta sala de exposición y venta tiene un amplio catálogo de piezas en alquiler para empresas y particulares. Se trata de una nueva modalidad que ofrece la posibilidad de cambiar de obras de arte como si de vestuario se tratase.
Además de alquilar obras de arte, Crea 21 personaliza los regalos. Si al cliente le gusta la obra de un artista, éste puede crear una pieza exclusivamente para él.

TEMPLO HARE KRISHNA

23

N'Aglá, 14, entresuelo B
Metro Liceu
• Teléfono: 93 302 5194
• Todos los días
• Menú: 7 €

“De postre se puede visitar el templo...

El templo Hare Krishna abre las puertas de su comedor todos los días para recibir a quienes se ajusten a las condiciones que proponen. No hay carta. Se come únicamente el menú del día, que es estrictamente vegetariano y consta de una ensalada, una sopa, un segundo, un postre y agua. No se venden bebidas.
Después del saludable almuerzo se puede visitar el templo: una sala muy grande a la que se accede descalzo, y en la que destaca una estatua de tamaño natural del fundador del Hare Krishna en el mundo, A.C. Bhaktivedanta Swami Prabhupada. El ambiente es tan informal como las jornadas de puertas abiertas que se celebran los domingos con el objetivo de captar nuevos fieles.
El acceso principal es muy discreto. No hay ningún cartel. Tan sólo una modesta placa en la puerta. Dentro el ambiente es muy festivo. El olor predominante es el del incienso, la música de fondo es alegre y la zona del comedor tiene una pequeña terraza y grandes ventanas que dan una gran luminosidad al espacio.

¿QUÉ ES HARE KRISHNA?

Es el grupo también conocido como Sociedad Internacional para la conciencia del Krishna (ISKON) que predica un credo del hinduismo tradicional vaishnava, practica el bhakti yoga y adora al dios Krishna (literalmente El Dios Principal). Se basa en las enseñanzas del santo bengalí Chaitania Mahaprabhu (1486 – 1533) y su nombre proviene del *maja mantra* ("Gran Oración") que recitan.

En 1966, Ahay Charau De Bhaktivedanta Swami Prabhupada introdujo la doctrina en Nueva York y creó una plataforma de promoción y venta de libros en aeropuertos y calles que multiplicó el número de seguidores en muy pocos años.

En la práctica, los Hare Krishna viven alejados de sus familiares, creen en la reencarnación, no consienten el consumo de alcohol, los juegos de azar, el té, los cigarrillos, la carne, el pescado, los huevos o el sexo, que sólo se practica con fines reproductivos.

HUELLAS DE PROSTITUTAS

24

La Rambla, 22 y 24

“ *Tacones con historia*

Las huellas grabadas en el suelo de los números 22 y 24 de la Rambla tienen un curioso valor histórico. Los agujeros fueron hechos por las prostitutas que durante años se turnaron en este lugar a la espera de sus clientes. Con el paso del tiempo, y el peso de los tacones, el mármol se desgastó y quedaron estas huellas para el recuerdo.

En 1956 la prostitución fue prohibida por decreto y se clausuraron los burdeles. Las trabajadoras del placer se vieron obligadas a buscar a la clientela en las calles y, en especial, como es el caso del número 22 y 24 de la Rambla, en las puertas de las pensiones.

Durante muchos años la parte baja de la Rambla fue el lugar preferido para el negocio del sexo, pero este escenario cambió drásticamente en los meses previos a los Juegos Olímpicos. El Ayuntamiento y la Asssociació d'Amics de la Rambla invirtieron millones de pesetas en remodelar esta zona.

LOVE HOTELS

Los *love hotels* cuentan con habitaciones por horas. Son hoteles para parejas y están totalmente alejados del mal gusto. Muchos de ellos son de diseño, y han sido decorados con la intención de satisfacer las fantasías sexuales de sus clientes. Es decir, con camas redondas, espejos en el techo, canales porno o jacuzzis.

La França es uno de ellos, uno de lo más grandes y renombrados, que cuenta con más de setenta habitaciones, todas de lujo, y un parking privado donde las placas de los coches de aquellos clientes que busquen un anonimato absoluto se cubren con una cortina.

En pleno centro de Barcelona, en la zona del Raval, se ubica el hotel La Paloma, más moderno y juvenil, y de precios más asequibles. El hotel Regàs ofrece un servicio similar, pero en la zona de Gracia.

Estos tres hoteles, y en general todos los hoteles por horas para parejas, presentan unas condiciones particulares. Para empezar los clientes pueden permanecer en las habitaciones todo el tiempo que consideren necesario, pero una vez que abandonan la habitación no pueden volver a entrar. No es necesario reservar con antelación, pues la idea es que los clientes puedan registrarse en cualquier momento. Las parejas homosexuales son bienvenidas y quedan terminantemente prohibidos los tríos. Por último, los precios oscilan entre los 40 y los 70 euros dependiendo del tipo de habitación y la hora de ingreso.

La França • La França Xica, 40. Teléfono: 93 423 1416. www.lafransa.com
Hotel Regàs • Regàs 10-12. Teléfono: 93 238 0092. www.hregas.com
Hotel La Paloma • La Paloma 24-26. Teléfono: 93 412 4381. www.hlapaloma.com

SALVADOR SERRA

25

La Rambla, 38, 4º planta
Metro Liceu
• Teléfono: 93 318 1300

Museo privado de la fotografía

En el cuarto piso de un edificio se ubica un discreto museo de la fotografía que ha cerrado temporalmente sus puertas al público. No saben si volverán a abrir o no. De todas formas no recibía muchas visitas. Sólo entendidos, estudiantes, profesionales o apasionados de la fotografía. Ahora hace falta pedir una cita previa o convencer a los encargados de que la visita será breve.
El museo tiene 70 metros cuadrados de superficie. Allí conviven más de tres mil cámaras de fotos de todos los tipos, tamaños y años de fabricación, sin contar las que tienen almacenadas en un depósito contiguo.
Salvador Serra fue un coleccionista y un verdadero amante de la fotografía pero nunca llegó a ser un fotógrafo consagrado. De hecho sólo se dedicó a tomar fotos de su familia y del entorno social y político que le tocó vivir. Fundó una tienda especializada, que ahora ocupa las otras cuatro plantas del edificio, y que con el paso de los años se ha convertido en la más importante de Barcelona.
Sus herederos son conscientes del tesoro que legó Serra. Por ello han optado por cerrar las puertas y evitar que las piezas se deterioren hasta encontrar un espacio más adecuado. Entre las cámaras de colección que pueden verse están las de fuelle, de 1891. También están las cámaras que utilizaron los espías desde los años treinta hasta los setenta. Estas cámaras, comparadas con las actuales, resultan hilarantes por su vano intento de pasar desapercibidas. Hay muchas Hasselblad, toda la historia de las Polaroid, de las cámaras Reflex, de las estereoscópicas, y de las submarinas, incluida la Calypso, diseñada por Jacques Cousteau.

QUÉ VER EN LOS ALREDEDORES

COLECCIÓN DE PIPAS Y CAMPEONATOS DE "FUMADA LENTA"

26

Barcelona Pipa Club • Plaza Real, 3 principal • Metro Jaume I
• Teléfono: 93 302 4732 • Todos los días, a partir de las 18 h
• www.bpipaclub.com

Este es un club-bar consagrado al humo y al tabaco con unas bonitas vistas a la Plaza Real. En la sala de juegos (mesas de billar, entre otros) se puede ver una importante colección de pipas y latas de tabaco. También cuentan con un Taller de Bricolaje de la Pipa, donde se encargan de devolverle el brillo a las pipas deterioradas por el paso del tiempo o el mal uso.
Entre las actividades que organiza este club abierto al público está el cursillo para aprender a fumar en pipa. También están los campeonatos mensuales, como el de "fumada lenta", que consiste en encender una pipa cargada con tres gramos de tabaco. Gana quien dure más sin que la pipa se apague. El récord mundial está en los pulmones de un italiano y es de 3 horas y 48 minutos.

FESTA DELS
CONDUCTORS
Diada de Sant Cristòfol
Mutual de Conductors
B · 77807

CAPILLA SAN CRISTÓBAL DE REGOMIR

27

Regomir s/n
Metro Jaume I
- Viernes, de 19 a 20 h
- Bendición de coches: 10 de julio

Protección divina para el coche

El 10 de julio de todos los años los taxistas de Barcelona hacen largas colas para que sus coches sean bendecidos en esta minúscula iglesia construida en 1503. La capilla lleva el nombre de San Cristóbal, patrón de los viajeros en general y de los taxistas en particular, y fue la primera del país en bendecir un automóvil. Cuentan los propios taxistas que durante los años sesenta, y debido al *boom* automovilístico de la época, se llegaron a contar hasta 2.000 vehículos esperando turno para la bendición. La tradición data de 1906, año en que Cristofol Sarrias, farmacéutico de la calle Regomir, y su amigo Carles Bonet importaron de Francia la costumbre de bendecir los coches el día del santo y patrón de los viajeros del mundo. A la primera celebración asistieron sólo cuatro. Uno de ellos pertenecía al artista Ramón Casas y otro al escritor y pintor Santiago Rusiñol.
La capilla de San Cristóbal es muy pequeña y prácticamente no se ve. Caben poco más de 20 personas y sólo dispone de dos filas de asientos. Es tan diminuta que la pila de agua bendita se tuvo que situar en el exterior para no interrumpir el paso de los fieles. Cerca de allí, en el cruce de las calles Montcada y Carders, se ubica una pequeña iglesia del siglo XII de similares proporciones, la capilla Marcus. Lleva el nombre del filántropo Bernat Marcus quien construyó un hospital dedicado a la atención de viajeros y peregrinos.

SAN CRISTÓBAL, PATRÓN DE LOS VIAJEROS DEL MUNDO

Antes de convertirse en santo, San Cristóbal se llamaba Relicto. Era alto, rubio, fornido y poseedor de una simpatía desbordante. Fue un gran aventurero con anslas de gloria. Por ello decidió poner su espada al servicio de un gran rey. Defendió a los romanos y luchó contra los persas hasta que oyó hablar de un tal Cristo, el más poderoso de todos los reyes. Quiso trabajar para él y se dejó guiar por los consejos de un ermitaño. Durante mucho tiempo ayudó a los débiles y a los enfermos a atravesar un caudaloso río, hasta que un día llegó un niño muy pesado. Ese día las aguas del río se embravecieron mientras el niño aumentaba cada vez más de peso. Superada la prueba, en la que casi pierde la vida, el niño le confesó que en realidad era Jesús y que a partir de ese momento Relicto pasaría a llamarse Cristófono, que significa portador de Cristo. Cristófono, Cristóbal, dedicó el resto de su vida a defender a Dios de los paganos. Murió decapitado. Se dice que en Santiago de Compostela se conserva uno de sus brazos; y en Astorga, parte de su mandíbula.

Palau de la Música Catalana
Arc de Triomf
LA RIBERA
EL BORN
Santa Maria del Mar
Antic Mercat del Born
Parque de la Ciutadella
Parlament de Catalunya
Parc Zoològic
Estació de França
Jaume I
Barceloneta
Museu d'Història de Catalunya
Dàrsena del Comerç
BARCELONETA
Platja de Sant Sebastia
Platja de San Miquel
Mar Mediterrània
PLAÇA D'ANTONI MAURA
PLAÇA DE SANT PERE
PL. DE SANTA MARIA
PLAÇA DEL PALAU
PLAÇA D'ANTONIO LÓPEZ
PLAÇA DE PAU VILA
PLAÇA DE LA BARCELONETA
Via Laietana
Passeig de Picasso
Passeig de Lluís Companys
Avigunda Marquès de l'Argentera
Passeig d'Isabel II
Ronda del Litoral
Passeig de Joan de Borbó
Moll de la Barceloneta
Passeig Marítim de la Barceloneta
0 50 100 150 200 m
N

EL BORN - BARCELONETA

CUADRO TEMÁTICO

LA MEJOR VENGANZA
CONSISTE
EN LLEVAR
UNA BUENA VIDA.

LA CUNA DE ORO

1

Plaza de la Llana, 6
Metro Jaume I
• Teléfono: 93 310 1207
• De lunes a sábado, de 10 a 13 y de 16 a 20.30 h

"*El mundo de la pitonisa*

Inaugurado hace 35 años, la Cuna de Oro es un lugar detenido en el tiempo. Al principio, este local del Born funcionó como una tienda de ropa y artículos para niños. El negocio iba bien, pero hace dos décadas Mayma, la anfitriona, decidió cambiar de rubro, mantener el nombre de la tienda y dedicarse a leer el tarot.

Mayma es una experta en el arte de la conversación. Hasta este local no sólo se acercan clientes de todas las edades y bolsillos a conocer su futuro, también gente del barrio y amigos en busca de un oído o un hombro donde llorar las penas. Lo más curioso del lugar es la decoración. El espacio está saturado de objetos de lo más diversos, casi todos recuerdos de amigos y clientes, fotos, recortes de periódicos y revistas, ceniceros, velas, muñecos y cientos de miles de pequeñeces sin ningún valor, aparte del sentimental. En este espacio *kitsch* donde no cabe ni un alfiler más, Mayma enfrenta los temas más diversos (el fútbol, la cultura, la vida del barrio, el esoterismo y lo que haga falta). Sus clientes confían plenamente en su talento para vaticinar el futuro. Otros simplemente la visitan por el placer de acceder a un lugar tan original como insólito y en pleno centro de la Barcelona más vanguardista.

QUÉ VER EN LOS ALREDEDORES

EL PEQUEÑO MUSEO DE LA MAGIA

2

Oli, 6
Metro Jaume I
• Teléfono: 93 319 7393 • De lunes a sábado, de 11 a 14 y de 17 a 20 h

Escondido dentro de la tienda El rey de la Magia, el pequeño museo fue creado en 2002 por dos magos consolidados, José María Martínez y Rosa María Llop. Ellos también son propietarios de la tienda ubicada en el número 11 de la calle Princesa, que vende artículos de magia desde hace 125 años.

El museo ofrece un recorrido por la historia del ilusionismo en Cataluña a través de los objetos que emplearon los prestidigitadores más renombrados. Entre los objetos más curiosos están las cajas de magia de los años 20, pañuelos, dados mágicos y los vistosos trajes que usaban los magos y sus asistentes durante las funciones. La amable Rosa María, siempre que esté disponible y no demasiado atareada con la planificación de las actividades, ofrece una visita guiada por el museo deteniéndose a explicar las joyas de la casa, como una reproducción del mago Carlos Buchel realizada en miga de pan por un recluso de la cárcel Modelo. El museo, que rinde homenaje a Fructuoso Canonge (un lustrabotas de la plaza Real que consiguió fama internacional como ilusionista) ofrece espectáculos y cursos de un mes y medio de duración para aprender técnicas de escapismo y un sinfín de trucos para dejar boquiabiertos a los amigos.

LLEÓ DEL GREMI DELS PELLAIRES
QUE ES CONSERVÀ FINS L'ANY 1990
EN LES RESTES DE LA CASA GREMIAL
DEL CARRER DELS PETONS.
JOAN AMADES.

3

EL SÍMBOLO DEL GREMIO DE LOS PELETEROS

Carrer de Portal Nou, 2

Un león al ataque

En el número dos de Carrer de Portal Nou se puede ver la figura en bajorrelieve de un león en posición de ataque. Durante muchos años este fue el símbolo del gremio de los peleteros, ahora desaparecido. Las primeras noticias de esta asociación datan de 1296 y hasta hace pocos años se podían ver las tinajas que empleaban estos artesanos para curtir y teñir las pieles.

Es muy probable que los trabajadores de la piel hayan elegido esta zona porque tenía un excelente suministro de agua, elemento fundamental en su trabajo diario. El Rec Comtal, una importante y antigua acequia, pasaba muy cerca y llenaba los lavaderos de las Basses de Sant Pere y del Carrer d´en Tantarantana.

EL ABASTECIMIENTO DE AGUA EN LA ANTIGUA BARCELONA

Así como muchas calles poseen el nombre de los gremios que en su momento albergaron (ver pagina 32), hay otras que tomaron sus nombres de las industrias que empezaron a construirse para satisfacer las necesidades de una ciudad en constante crecimiento. Tal es el caso de la calle Basses de Sant Pere, que tomó su nombre de las antiguas bases que movían los molinos de agua de la ciudad. Estos molinos dejaron de funcionar en 1870. Hasta entonces se sirvieron de las aguas del Rec Comtal, un riachuelo fundamental en el abastecimiento de agua en Barcelona, que con los años se convirtió en el nombre de una calle.

La mayoría de gremios se ubicaron cerca de esta acequia que les facilitaba las labores de limpieza. Fue un canal natural, que luego fue modificado para orientarlo hacia el mar. La primera referencia al Rec Comtal data del año 992. En un principio se utilizó para ampliar las zonas agrícolas. Con los años se convirtió en un flujo de agua turbia que transportaba todo tipo de desperdicios, a pesar que ya en 1332 se prohibió tirar las tripas de los animales y la basura. Este flujo de agua fue testigo de epidemias, ocasionó desbordes e inundaciones y contribuyó al funcionamiento de la ciudad. Hasta que, entre 1796 y 1801, se iniciaron los trabajos de soterramiento del canal.

QUÉ VER EN LOS ALREDEDORES

4

UN EDIFICIO CON TEMÁTICA AMOROSA

Carrer de San Pere Mes Baix, 46

La fachada principal de este curioso edificio del siglo XVIII está recubierta de figuras blancas relacionadas con las etapas del enamoramiento, acentuadas por un par de querubines que acompañan los rostros de diferentes mujeres y hombres.

LA PELU

5

Argentería, 70-72
Metro Jaime I
• Teléfono: 93 310 4807

"*El peluquero de la luna llena*

Desde los tiempos de la cresta y la laca obligatoria, La Pelu peina – y despeina – a las melenas más atrevidas de Barcelona. Llevan 27 años en la difícil tarea de innovar y perseguir la belleza capilar de sus clientes.
No ha sido fácil, han tenido que adaptarse a los tiempos y apostar por cortes que afortunadamente luego se han convertido en tendencias. Como en un restaurante, cuando un plato es bueno y el del bar de al lado lo copia, en La Pelu, tijera que corta y vecina peluquera que la imita. Por ello siempre apuestan por experiencias añadidas a las del corte de pelo, para dejar al cliente con la sensación de que hizo algo más aparte de pasar las horas en la peluquería. Desde masajes y lecturas estimulantes hasta exposiciones de arte, joyas y objetos.
La actividad estrella es la Noche de Luna Llena. Una vez al mes, La Pelu abre hasta pasada la medianoche. Mientras la luna brilla en todo su esplendor y fuera se oyen aullidos, La Pelu sube el volumen de la música y pone copas gratis a la clientela, que hace cola para cortarse el cabello en el mejor momento del mes. Por lo visto, durante la luna llena casi todo lo que se poda crece en menos tiempo y de manera más vigorosa.

Nota: Si la experiencia resulta placentera, se recomienda visitar en París al peluquero que atiende durante toda la noche cuando hay luna llena. Más información en las guías *Boutiques insolites à Paris* (en francés) o *Unusual shopping in Paris* (en inglés), del mismo editor.

LEYENDAS DE LA LUNA LLENA

Son muchas las creencias populares que asocian ciertos eventos a las noches de luna llena: el pelo crece más rápido, los criminales se sienten incitados a gratificar sus impulsos (personas con problemas mentales ven que empeoran sus síntomas) y hay una tendencia a que los instintos suicidas se acentúen. Pero esto no es todo, también se dice que más mujeres dan a luz en noches de luna llena (aunque no hay estudios científicos que avalen esta teoría) y que ciertos trabajos de jardinería, como cortar el césped, también se benefician de la luz lunar. Esto es posible porque la luna emana un cantidad considerable de energía luminosa. De hecho, algunos jardineros y agricultores sólo plantan sus semillas cuando está llena o creciente.
También se dice que las superficies expuestas a su luz se tornan más brillantes. Al menos esto es lo que sostiene Berluti, el famoso zapatero de lujo que expone sus preciados zapatos a la luz de la luna llena para que adquieran el brillo que los ha convertido en leyendas.

Celler
Macondo

EL CELLER DE MACONDO

6

Consellers, 4
Metro Jaume I
- Teléfono: 93 319 4372
- De lunes a sábado, de 19 a 1 h
- Precio aproximado por persona: 10 – 20 €

> **“ La taberna autorizada por García Márquez**

El Celler de Macondo es una taberna inspirada en *Cien años de soledad*, la novela más representativa del Nobel colombiano Gabriel García Márquez. El anfitrión, Arnulfo Aldana, es también colombiano y suya es la selección musical que le da una atmósfera muy caribeña a la zona del Born. Arnulfo es, además de un buen anfitrión, un excelente contador de historias. Su preferida es el escándalo que en su momento generó el nombre del local. Cuando fundó el Celler de Macondo, hace diez años, los representantes de García Márquez en Barcelona le entablaron un juicio por utilizar el nombre del famoso pueblo de la novela. La historia causó tanto interés que llegó a oídos del propio García Márquez, quien no tuvo más remedio que ordenar el retiro de la querella. Finalmente, Arnulfo se quedó con el nombre, con el local en una pequeña y poco frecuentada calle del Born, y la esperanza de que el escritor colombiano lo visite algún día. Entre los platos estrella están las *arepizzas* Aureliano Buendía, hechas de harina de maíz; el variado Remedios, que incluye una selección de productos colombianos como los patacones o los buñuelos, o la ensalada Macondesa, que reúne en un mismo plato ingredientes de los cinco continentes. También las empanadas Melquíades y los entremeses Úrsula, además de una selección de platos muy variados que Arnulfo aprendió en cada puerto que visitó durante su época de marinero mercante.

QUÉ VER EN LOS ALREDEDORES

CASA DEL GREMIO MUSICAL

7

Carrer de Sant Pere Alto, 1

Este edificio, que antiguamente servía de punto de reunión para el gremio de músicos, fue construido en 1763. La fachada presenta un medallón y magníficos grabados sobre la misma piedra. En lo alto se puede ver una guirnalda de querubines.

CLI MOTUS SCRUTATUR

LOS SÍMBOLOS MASÓNICOS DEL 7 PORTES

8

Passeig Isabel II, 14
Metro Barceloneta
• Teléfono: 93 319 3033
• Todos los días, de 13 a 1 h
• Precio aproximado por persona: 30 – 50 €

“Un restaurante parecido al Templo de Salomón

Muy pocas personas conocen los secretos y anécdotas que encierra este restaurante emblemático de Barcelona. Visto de lejos, el edificio del 7 Portes es muy parecido al templo de Salomón. No es una coincidencia ni una alucinación. El edificio y el restaurante, que se ubica en la planta baja, son un compendio de símbolos masónicos. De hecho se pueden ver los signos del zodíaco grabados en las columnas, así como la figura triangular clásica de la asamblea de francmasones. Si uno alza la mirada puede ver en la cornisa la imagen de Saturno-Cronos, dios del tiempo y señor del caos, y en cada una de las puertas de entrada, el nombre del lugar escrito en diferentes tipos de alfabeto.

El motivo de toda esta simbología es que el restaurante, inaugurado en 1836, fue el punto de encuentro de las hermandades secretas de la época durante muchos años. El interiorismo también es peculiar; el suelo luce el típico pavimento ajedrezado propio de estas logias, y hay otro elemento decorativo que llama la atención: una rama de acacia, árbol sagrado de los francmasones.

Entre otras curiosidades históricas, cabe destacar que el edificio fue el primero en toda Barcelona en contar con agua corriente; y su fachada, la protagonista de la primera fotografía que se realizó en España. El restaurante ocupa la planta baja de una de las construcciones más memorables de la década de 1830. Se trata de los Porxos d´en Xifré.

El autor intelectual del edificio fue Josep Xifré y Cases (1777 – 1856), un indiano que hizo fortuna en Cuba exportando a Estados Unidos azúcar producida por esclavos. Luego Xifré viajó a Nueva York, donde multiplicó sus millones. En 1831 volvió a Barcelona e invirtió su dinero en la banca y en bienes raíces. El edificio y los pórticos que enmarcan el restaurante, y que en cierta forma rinden tributo a la vida de su autor, fueron proyectados por Josep Buixareu y Francesc Vila. En el frontón se puede leer la siguiente inscripción: “Urania observa el movimiento del cielo y las estrellas”, también se pueden ver medallones con los retratos de los exploradores y conquistadores a los que Xifré intentó emular: Colón, Pizarro, Magallanes, Cortés. Entre los arcos, algunos trofeos tallados que recuerdan los “éxitos” en el Nuevo Mundo: una cornucopia rebosante de monedas de oro, una áncora con libros de contabilidad y una cabeza de esclavo.

ESCULTURA ERÓTICA EN LA CALLE DE MIRALLERS

9

Metro Jaume I

Rostro de éxtasis

En la zona antigua de Barcelona, entre el barrio gótico y el Born, se puede ver, en lo alto de una esquina, una cabeza de mujer tallada en piedra. Es una mujer sin mirada, con los ojos en blanco, con un aire terrorífico, que no es otra cosa que una mueca de placer. Este rostro, que se mimetiza con la fachada y sólo al poner mucha atención se torna visible, antiguamente indicaba a los paseantes que en esa calle existía un prostíbulo.

Barcelona, al ser también un puerto, recibía la visita de cientos de marineros y extranjeros que ni bien desembarcaban iban en busca de las llamadas "casas de placer". Las figuras en piedra eran el logotipo perfecto, tanto para los interesados foráneos como para los analfabetos.

En 1400 ya existían burdeles tolerados y protegidos por el gobierno. De hecho, en 1452 el propio rey Alfonso V le concedió un permiso especial al empresario Simón Sala para que pudiera abrir una cadena de burdeles en Barcelona. Eso sí, durante los días de Semana Santa las prostitutas tenían que encerrarse en sus lugares de trabajo y no dejar ver sus cuerpos para no inducir a los fieles al pecado.

QUÉ VER EN LOS ALREDEDORES

LOS MURALES DEL EDIFICIO DE CORREOS Y TELÉGRAFOS

10

Plaza de Antonio López s/n

El interior del Edificio de Correos y Telégrafos es un tesoro para los ojos del curioso. El gran vestíbulo circular está coronado por una serie de murales pintados a comienzos del siglo XX. El más llamativo es el que muestra un carro romano tirado por unos ciervos y un anciano con un objeto en brazos que dispara signos de exclamación. Se trata de una locomotora de juguete que no tendría nada de peculiar si no formara parte de este fresco de clara inspiración renacentista. Evidentemente se trata de una alegoría, en este caso proyectada por el visionario de las comunicaciones Francesc Canyellas i Balaguero (Barcelona, 1899-1938), autor del mural.

"LA FLOR DE LAS BELLAS CIUDADES DEL MUNDO"

Se dice que Miguel de Cervantes vivió una temporada en la misma plaza donde se ubica la oficina de Correos. Los biógrafos de Cervantes señalan que su estancia debió producirse en 1569, cuando tenía 22 años y huía de Madrid hacia Italia. El autor de *El Ingenioso Hidalgo Don Quijote de la Mancha* calificó a Barcelona como "la flor de las bellas ciudades del mundo".

ASOCIACIÓN AMIGOS DEL FERROCARRIL

11

Estación de França (ala sur)
Ocata, s/n
Metro Barceloneta
- Teléfono: 93 310 5297
- Martes, jueves y viernes de 18 a 21 h, y sábados de 17 a 21.30 h
- www.aafcb.org

Trenes en miniatura

Fundada en 1944, la Asociación Amigos del Ferrocarril de Barcelona es un lugar deslumbrante para los amantes del mundo ferroviario. La AAF se ubica en el ala sur de la estación de França y ocupa tres amplios espacios. Uno está dedicado a la biblioteca, que cuenta con más de 4 mil volúmenes a disposición de los socios, además de películas y revistas especializadas. Cada rincón de la asociación está ocupado por algún objeto de colección: avisadores, telégrafos, carteles antiguos y cientos de maquetas de trenes célebres y trenes en general.

En otra de las salas los socios pueden hacer funcionar las maquetas de ferrocarriles en miniatura y sentirse unos verdaderos maquinistas. Los rieles se entrecruzan de manera que el maquinista aficionado tiene que estar muy atento y tener ciertos conocimientos básicos para evitar una colisión. El tercer ambiente es una sala de conferencias donde se imparten charlas o cursos, y se proyectan películas y documentales con temática ferroviaria. Lo que más llama la atención de este espacio es que los asientos, tanto para los conferencistas como para la audiencia, pertenecieron en su momento a un tren de verdad.

La AAFB organiza salidas especiales para conocer trenes reales, ya sean modernos o antiguos, por las líneas de Renfe/ADIF y Ferrocarriles de la Generalitat de Catalunya. También cuenta con una colección particular de trenes de época, como la locomotora a vapor Garrat 106, construida en 1926; la locomotora a vapor con coches de madera Berga 31, del año 1902; o la locomotora eléctrica Patxanga 304, de 1926. Durante los meses de mayo, junio, julio y agosto suelen organizar viajes en alguno de estos trenes, pequeños tramos en los que recrean viajes de época y se detienen a comer en algún pueblo cercano.

Si uno está de paso, se puede visitar el local de la asociación sin ningún problema. Para hacerse socio, convertirse en maquinista de trenes en miniatura y participar de las conferencias y paseos hace falta pagar 30 euros de inscripción y 98 euros anuales.

LA MANO DE LA BARCELONETA

12

Calle Sant Carles, 35 y Soria, 18

"Una escultura misteriosa

No existe una teoría que explique la existencia de la mano tallada en la esquina de las calles Sant Carles, 35, y Soria, 18. Ubicada a tres metros del suelo, en bajorrelieve, la mano mira hacia abajo y tiene dos triángulos que señalan direcciones contrarias. Podría haber sido el divertimento de un albañil o el capricho de un picapedrero. No se sabe. Lo cierto es que se ha mantenido a lo largo de los años y ha sido respetada por las sucesivas remodelaciones.

La Barceloneta empezó a construirse en 1753 y es obra del ingeniero militar Juan Martín Cermeño. En un principio las casas sólo tenían planta y un piso. Pero la armonía se rompió en 1838, año en que se autorizó la construcción de un segundo piso. En 1868 se permitieron los terceros pisos y en 1872, los cuartos. La casa que alberga la mano de la Barceloneta data de 1875.

EL PRIMER BARRIO ARTIFICIAL DE BARCELONA

La Barceloneta fue construida con el fin de dar cobijo a los pescadores y trabajadores que se quedaron sin trabajo después de la conquista borbónica de Barcelona, en 1714. Como buen militar, el ingeniero Cermeño trazó una cuadrícula perfecta compuesta por quince calles angostas cortadas por cinco avenidas. Cermeño, que luego creó las Ramblas, marcó el inicio de una urbanización moderna, con visión a futuro, sobre un terreno que le fue ganado al mar. Sólo la punta del triángulo, la isla de Maians, hoy enterrada bajo el cemento, fue tierra firme en algún momento de la historia. Por su ubicación y debido a la agitada vida militar barcelonesa, la Barceloneta siempre fue un punto estratégico.

QUÉ VER EN LOS ALREDEDORES

LA TORRE DEL RELOJ Y EL SISTEMA MÉTRICO DECIMAL 13

A finales del siglo XVII, la Torre del Reloj sirvió como punto de referencia en las tareas de medición que realizó Pierre François Méchain con el objetivo de definir el Sistema Métrico Decimal (ver página 126).

Una placa, fechada en 1999, conmemora los 200 años de esta labor. Otro punto de referencia para Méchain fue el hostal donde se alojó el tiempo que estuvo en Barcelona, el Fontana de Oro, en la calle Escudellers.

Otros tributos al metro: las avenidas Paral-lel y Meridiana

Como homenaje al metro, el arquitecto Ildefons Cerdá, diseñador del Eixample, creó las avenidas Paral-lel y Meridiana bajo la siguiente premisa: si ambas avenidas se prolongaran imaginariamente, se cruzarían con la Torre del Reloj.

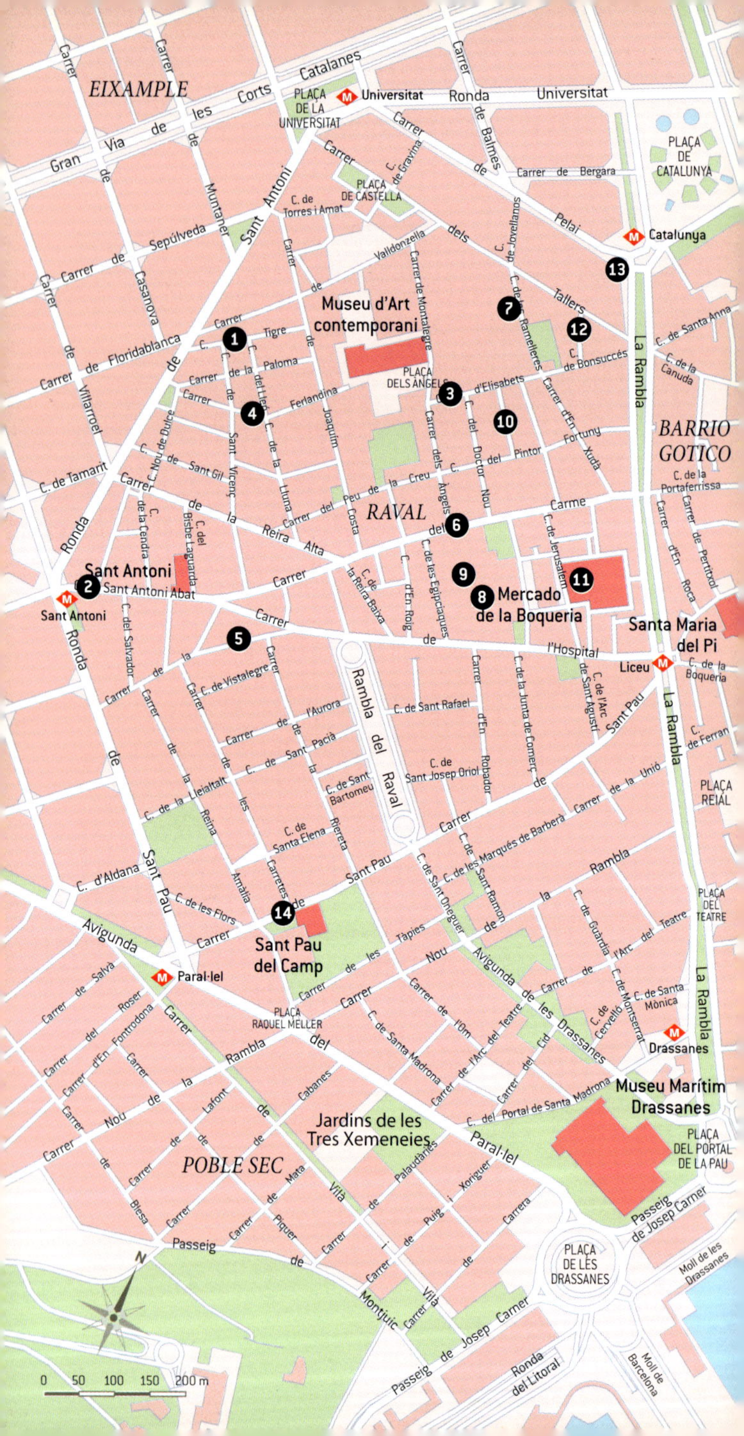
EIXAMPLE
RAVAL
BARRIO GOTICO
POBLE SEC
Museu d'Art contemporani
Sant Antoni
Mercado de la Boqueria
Santa Maria del Pi
Sant Pau del Camp
Museu Marítim Drassanes
Jardins de les Tres Xemeneies
Universitat
Catalunya
Liceu
Paral·lel
Drassanes
PLAÇA DE LA UNIVERSITAT
PLAÇA DE CATALUNYA
PLAÇA DE CASTELLA
PLAÇA DELS ÀNGELS
PLAÇA REIAL
PLAÇA DEL TEATRE
PLAÇA RAQUEL MELLER
PLAÇA DEL PORTAL DE LA PAU
PLAÇA DE LES DRASSANES
La Rambla
Rambla del Raval
Ronda de Sant Antoni
Ronda Universitat
Gran Via de les Corts Catalanes
Carrer de Pelai
Carrer dels Tallers
Carrer del Carme
Carrer de l'Hospital
Carrer de Sant Pau
Carrer Nou de la Rambla
Avigunda del Paral·lel
Avigunda de les Drassanes
Passeig de Josep Carner
Ronda del Litoral
Moll de Barcelona
Moll de les Drassanes
0 50 100 150 200 m
N

EL RAVAL

CUADRO TEMÁTICO

FUMARE
LA VANGUARDI
NOTAS GRAFICAS
BARCELONA
Miércoles 28 de Septiembre de 1932
CUATRO PÁG
EL JEFE DEL GOBIERNO EN MONTSERRAT

EN LA PRENSA DE AQUEL DÍA...

1

Tigre, 20
Metro Universitat
• Teléfono: 93 302 5996
• De lunes a viernes, de 10 a 13.30 y de 17 a 20 h
• www.periodicosregalo.com

"Un regalo original

En la prensa de aquel día... es una tienda singular en la que uno puede enterarse de lo que ocurrió el día de su nacimiento o en el cumpleaños de alguien querido. Cualquier fecha, como la de un aniversario de bodas, es un buen motivo para hacerse con un ejemplar de periódico antiguo. Por ejemplo, el 30 de junio de 1974 un OVNI sobrevoló Barcelona y mereció la portada de *La Vanguardia*, y el 2 de abril de 1975 se inauguró la primera pista de aterrizaje en la antártica.
Leer los periódicos de los últimos 100 años puede convertirse en una adicción. Aquí los tienen todos. O bueno, casi todos, porque hay fechas de mucha demanda que han colgado el cartel de agotadas. Las encargadas bucean en el almacén de periódicos viejos y embolsados al vacío, para protegerlos de la humedad y el paso del tiempo, hasta que dan con la fecha indicada. Se puede elegir entre la portada, el periódico completo o un anuncio publicitario.

Este trabajo de archivo surgió de manera espontánea, cuando la dueña se hizo con una importante cantidad de periódicos viejos sin saber bien para qué utilizarlos. Luego llegaron más periódicos y la pequeña colección se convirtió en un importante archivo histórico.
También se puede optar por otro tipo de regalo: el crucigrama personalizado. Sólo hace falta dar la mayor cantidad posible de datos sobre la persona a la que se busca sorprender. Fecha de nacimiento, gustos, manías, cualidades y defectos, cualquier dato es importante para lograr un crucigrama original y divertido.

QUÉ VER EN LOS ALREDEDORES

ANTIGUO EDIFICIO DE RECAUDACIÓN DE IMPUESTOS

2

En el número 54 de Sant Antoni Abad se puede ver un edificio que hasta hace un siglo funcionaba como empresa recaudadora de impuestos. Estas casas solían ubicarse en las afueras de la ciudad, cerca de los puertos y eran paso obligado de los mercaderes de la época.

CARITAT PERLOS
POBRES DEL HOS-
PÎTAL D NOSTRA
SENYORA DELS
YNFANTS
ORFANS
ANY 1785

QUÉ VER EN LOS ALREDEDORES

UN BUZÓN PARA LIMOSNAS 3

Carrer Elisabets, 24
Este buzón de madera y metal para limosnas data de 1785 y se encuentra a la entrada del Centro de Información y Documentación Internacional de Barcelona (CIDOB), que antiguamente fue la capilla de un hospicio. El buzón lleva la cruz de Malta en bajorrelieve y una inscripción que dice: "Caritat per los pobres del hospital de Nostra Senyora dels Ynfants Orfans". Esta institución fue fundada en 1370 por Guillem de Pou y albergaba un hospicio donde vivían niñas y niños huérfanos de siete a doce años. El edificio, restaurado por el arquitecto Pau Granados, se encuentra en muy buen estado. De hecho, en uno de los espacios que antiguamente ocupaba la iglesia contigua, la capilla de la Misericordia, ahora se ubica la librería La Central. Dentro se puede ver dos ángeles sosteniendo el escudo de la ciudad. Del estilo gótico original se han mantenido los techos abovedados.

"EL JAZZ ES LA MÚSICA QUE DIOS BAILA CUANDO NADIE LO VE"

El novelista, egiptólogo, crítico de cine y ensayista catalán Terenci Moix (Barcelona 1942 – 2003) nació en la casa que hoy es un bar poético (Joaquín Costa, 37). Después de ser la vivienda de los Moix, fue una lechería regentada por la misma pareja que hoy sirve copas y cafés en la barra. De hecho, todavía mantienen las jarras y las medidas que antes se usaban para vender la leche fresca. Es un local con mucho encanto cuya entrada advierte que allí no se ve televisión ni se juega a las tragaperras. Sólo se oye buen jazz o música clásica, y rara vez se aceptan peticiones musicales. Éste es el estilo que han marcado sus propietarios, Carlos Julio y Montse. Los dos son unos apasionados del jazz y por supuesto de la obra de Terenci Moix, quien más de una vez visitó el bar que un día fuera su casa.

En el altillo se puede ver parte de la casa en la que creció el escritor. Hasta allí suben muchos seguidores de Moix, pero también poetas y aficionados a la poesía. Cada quince días se celebra una lectura en la que los presentes piden la palabra para leer un extracto de su propia obra o de algún poeta conocido. Quizás lo más llamativo del lugar sea que en todas las baldosas que recubren la pared principal se pueden leer poemas, reflexiones y pensamientos que los visitantes han dejado escritos. Algunos inspirados en la música: "El jazz es la música que Dios baila cuando nadie lo ve"; y otros más sociales: "Si algunos vivieran más sencillamente, otros sencillamente vivirían". La mayoría son anónimos, pero también hay versos de poetas de culto en el circuito, como Lola García: "Me alegro / que entre noches y sueños.../...nos hayamos chocado / y que se tomen su tiempo en el taller". Que así sea.
Granja Degava. Joaquín Costa, 37. Metro San Antoni. Teléfono: 93 317 5883.
De lunes a sábado, de 8 a 2 h.

VOID

QUÉ VER EN LOS ALREDEDORES

EL CINE EN CASA 4

Voidzelig
Ferlandina, 51

- Metro Universitat
- De martes a domingo, de 17.30 a 23 h
- www.void-bcn.com

Voidzelig es el videoclub con más películas de cine independiente y de autor en toda Barcelona. Y sus películas no se llevan únicamente a casa. También se pueden ver en el mismo local, en una pantalla muy grande que permite sentirse en una sala de cine particular. El alquiler de la sala de proyecciones por dos horas es de 40 euros y tiene capacidad para 30 personas.

UNA GRANJA QUE NO ES UNA TIENDA 5

Granja Puy
Calle de la Cera, 7

- Metro Sant Antoni

La calle de la Cera, llamada así porque hace muchos años existió una fábrica de cirios, es una de las zonas más pintorescas del Raval. En este barrio mestizo, en el número 7 de esta calle, se ubica la Granja Puy, un lugar tan enigmático como insólito.
Aparentemente es una tienda de objetos de colección, pues una vitrina expone útiles tan distintos entre sí como una radio de hace setenta años, un cartel publicitario de una marca de yogur de los años 60, alguna taza de té, o un muñeco de peluche bastante afectado por el paso de los años.
En realidad esta granja no es una tienda, es una vivienda familiar: no vende peluches. Tampoco la leche y los huevos que vendía hace veinte años. La señora de la casa es muy amable con quienes llaman a su puerta para preguntarle el precio de la radio o del cartel. No los vende. O quizás sí. Todo depende del interés del cliente, y del momento vital en el que se encuentre la dueña. Mejor no ir a la hora de la siesta.

LAS ALMAS EN PENA DEL MERCADO DE SANT ANTONI

Cuenta la leyenda que las horcas con las que ejecutaban a ciertos reos durante la Edad Media se ubicaban fuera de la ciudad amurallada, exactamente donde hoy se erige el mercado de Sant Antoni. Con el correr de los años nadie quiso hacerse con ese terreno por temor a las historias de fantasmas y fenómenos paranormales. Hasta que 1882 Antoni Rovira i Trias, el gran arquitecto que casi pasa a la posteridad como el creador del Eixample (proyecto que ganó aunque le fue concedido a Ildefons Cerdá por Real Decreto), inauguró una de sus grandes obras: el mercado de las grandes estructuras de hierro.

CAJAL
SERVET

ANFITEATRO DE ANATOMÍA

6

Sala GimbernatReal Academia de Medicina
Carrer del Carme, 47
Metro Liceu
• Teléfono: 93 317 1686
• Miércoles, de 10 a 13 h

> *El gran secreto de la arquitectura neoclásica barcelonesa*

El anfiteatro Gimbernat de anatomía de la Real Academia de Medicina, ideado por el cirujano Pere Virgili y construido por Ventura Rodríguez, data de 1760 y es una joya oculta de la arquitectura neoclásica barcelonesa. De hecho pasa absolutamente desapercibida para el caminante.

Se trata de un lugar desolado, un sitio grave y oscuro, en el que se respira una atmósfera densa que invita al silencio y al respeto. La sala circular no es muy grande pero tiene unos techos altísimos. En el centro hay una mesa de mármol con un desagüe por donde caía la sangre del cuerpo de estudio, ya que aquí se realizaban demostraciones con cadáveres humanos que provenían del contiguo Hospital de la Santa Creu. Alrededor de la mesa de disección se ubican las gradas donde se sentaban los estudiantes; y en las primeras filas, una docena de sillones de madera labrada para las autoridades. Del centro cuelga una lámpara de muchos brazos, y en las paredes, entre grandes ventanales, se pueden ver los bustos de nombres inmortales para la medicina barcelonesa, como Ramón y Cajal, Servet o Mata.

El edificio albergó primero al Real Colegio de Cirugía, y entre las operaciones más importantes que se llevaron a cabo durante esta época (1770) destaca la separación de dos siameses. Luego, hasta 1904, funcionó como facultad de Medicina. Después fue la Escuela Normal de Maestros, y desde 1920 pertenece a la Real Academia de Medicina y Cirugía. En 1951 fue declarado monumento histórico y artístico de interés nacional. También, una vez al año, algunos escritores catalanes se reúnen en el anfiteatro a "diseccionar" la literatura y el idioma. Hablan sobre las deformaciones del lenguaje, sobre su futuro y las nuevas incorporaciones al diccionario.

Las visitas a este lugar están muy restringidas. Sólo se acepta el ingreso de público los miércoles por la mañana. El resto de días cualquier intento por entrar es inútil.

En Londres existe un anfiteatro con una mesa de disección similar. Para más información, leer la guía *Londres insólito y secreto*, del mismo editor.

EL TORN DELS ORFES

7

Calle Ramelleres, 17
Metro Catalunya

Dónde abandonar a un niño

En el número 17 de la calle Ramelleres se ubica una ventana giratoria desconcertante. Se le conoce como El torn dels orfes. O el agujero de los huérfanos. Es aquí donde antiguamente las madres solteras, que eran muy mal vistas por la sociedad, abandonaban a sus hijos dejándolos al cuidado de las monjas.

En este lugar, en plena Plaza de Vicenç Martorell, se fundó en 1583 la Casa de la Misericordia. Trescientos años después se convirtió en la Casa Provincial de Maternidad y Expósitos. El torno, o especie de ventana giratoria donde los niños eran abandonados, funcionó desde mediados del siglo XIX hasta 1931. Ahora el edificio ha sido rehabilitado y se ha convertido en una sede administrativa del distrito de Ciutat Vella. La fachada ha sido remodelada pero, por tratarse de un elemento histórico, han mantenido el agujero por el que literalmente depositaban a los niños no deseados.

LAS RUEDAS DE LOS INOCENTES

Desde 787, Dateo, capellán de Milán, colocó una concha en el exterior de su iglesia donde se podía abandonar a los recién nacidos. A partir de 1188 se tomaron iniciativas más organizadas para acoger a los niños abandonados en el hospicio de los Chanoines, en Marsella. El papa Inocencio III (1160-1216, papa desde 1198 hasta su muerte) fue quien institucionalizó esta práctica después de ser testigo del terrible espectáculo de cadáveres infantiles flotando sobre el río Tiber, en Roma.

Las llamadas ruedas de los inocentes fueron concebidas para preservar el anonimato de los padres. Se instalaron en las puertas de los conventos y se componían de una cuna rotativa a la que se accedía desde el exterior. En ella se ubicaba al niño y luego se accionaba un timbre para alertar a las hermanas. Una vez prevenidas, las monjas hacían girar la rueda para que el bebé entrara al convento. Es importante destacar que las ruedas estaban protegidas por una reja calibrada que permitía el paso sólo de recién nacidos de tamaño mínimo.

Este sistema, que se dejó de usar en el siglo XIX, ha vuelto a ponerse en marcha desde hace veinte años en casi toda Europa a causa del fuerte recrudecimiento del abandono de niños, especialmente de hijos de inmigrantes en situaciones desfavorables.

QUÉ VER EN LOS ALREDEDORES

ESTATUA DE SAN ROQUE 8

En el patio del antiguo Hospital de la Santa Creu puede verse una escultura de san Roque, protector de los leprosos y patrono de la peste, que aparece acompañado de un perrito y un niño. Lo más distintivo de esta escultura es que el santo, en aparente gesto erótico, parece levantarse el faldón. En realidad lo que hace es mostrar las llagas en el muslo producto de la terrible enfermedad, pues es en esta zona donde solían presentarse los primeros síntomas. Durante el siglo XV, la desesperación frente a las epidemias y el afán de prevenir las enfermedades contagiosas condujo a una creciente veneración hacia santos como san Roque, san Sebastián o san Lázaro.

LA CISTERNA DE AGUA DEL INSTITUTO DE ESTUDIOS CATALANES 9

A escasos metros de la Real Academia de Medicina se ubica el Instituto de Estudios Catalanes. El edificio ocupa parte del antiguo hospital de la Santa Creu, fundado en 1401. En el patio central, rodeado de columnas y mosaicos deslumbrantes, una estatua de Sant Pau, obra de Lluís Bonifaç (1696), esconde un secreto. Si uno se asoma por debajo de los pilares que sostienen la escultura puede ver un pozo de agua verdaderamente profundo, y es que el patio se construyó sobre una enorme cisterna de agua. Las visitas a este patio están restringidas. Es necesario solicitar permiso en la portería.

LA CASA DE RAMÓN Y CAJAL 10

Carrer del Notariat, 7. Metro Liceu

En el número 7 de la carrer del Notariat una placa recuerda el trascendente paso del premio Nobel de Medicina Santiago Ramón y Cajal (1852-1934). En este edificio el científico desarrolló la Teoría de la Neurona, un avance fundamental en el estudio del sistema nervioso. Ramón y Cajal también se formó como escultor, trabajó como aprendiz de zapatero y se aficionó a la fotografía, aunque desde adolescente, cuando robó un par de cadáveres junto a su padre para aprender anatomía en un granero, ya mostraba un ta-lento innato en todo lo que se refiriera al conocimiento del ser humano. Se especializó en histología y fue un pionero de la neurología. Sus publicaciones y descubrimientos sorprendieron al mundo científico, ganó el Nobel y viajó por el mundo dando a conocer sus hallazgos.

EL RAVAL

Durante la época romana, el Raval, que en castellano significa arrabal y proviene de la palabra árabe *rabad* (suburbio, extramuros), era una zona de campos, huertos y pantanos. Desde la ciudad romana Barcino salían tres caminos que atravesaban esta zona. El que llevaba a Llobregat (actual calle del Hospital), a Sarria (calle Tallers) y el que se dirigía a Montjuic y ha mantenido su nombre a lo largo de los años (Sant Pau). Cerca de estos caminos se comenzó a expandir la ciudad, primero con monasterios, leproserías y hospitales, y luego con villas que subsistían del campo.

ESCORPION

PETRAS

11

Mercado de la Boquería • Plaza de la Boquería • Metro Liceu
• Puesto 866-870 • Teléfono: 93 302 5273
• De lunes a sábado, de 8 a 14 h

AVINOVA
Mercado de la Boquería • Pasadizo 1, puestos 703-707
• Teléfono: 93 301 3071 • De lunes a sábado, de 8 a 20.30 h

Hormigas y canguros a la carta

Si en Tailandia se comen murciélagos y en Filipinas embriones de pollos, en Barcelona se pueden comer hormigas, gusanos, grillos y un sinfín de insectos muy crocantes y sabrosos a precios bastante razonables. Una docena de hormigas culonas, importadas de Colombia, que vienen muy bien a la hora del aperitivo, pueden llegar a costar 3 euros en Petras, ubicado en los puestos 866-870 de la Boquería. Una lata de gusanos, que en Tailandia se consumen al mismo ritmo que las pipas en España, entre 4 y 5 euros. En el caso de que el menú salado no despierte el apetito, también se pueden encontrar piruletas de escorpiones, que un día fueron venenosos y hoy son más bien dulces. El modo de preparación de los insectos es casi siempre el mismo: se fríen en mucho aceite hasta que se vuelven crocantes.

Si se buscan ingredientes más exóticos, en otro puesto de la Boquería, Avinova (pasadizo 1, puestos 703-707) se puede comprar un reno importado de Suecia a 61 euros el kilo, o una paloma torcaz para guisar un domingo en familia; también faisanes, perdices, gallinas de pata negra, liebres, canguros y próximamente filetes de tortuga para los más avezados. Una de las especialidades de la casa es el *sotille*, que en cristiano significa "tonto el que lo deja". Son unos micro filetes que se obtienen de una zona muy escondida de la gallina. En Francia y en la Boquería son considerados una exquisitez.

QUÉ VER EN LOS ALREDEDORES

MUSEO DEL WHISKY

12

Sitges, 3
Metro Catalunya
• Teléfono: 93 318 5145

En el museo del Whisky no sólo se bebe whisky. También se oye música de los ochenta y se comparte mesa con la fauna nocturna más salvaje. El museo presume de una colección que incluye más de 600 marcas. La joya es un McCallan de 1946. De este whisky se produjeron 246 botellas en el mundo, 20 llegaron a España, tres a Barcelona y una de ellas descansa en este bar. Su precio ha quedado congelado en pesetas: un millón, que suena a bastante más que los seis mil euros equivalentes. Como buenos aficionados a la bebida que da nombre al local, los dependientes no son muy constantes en sus costumbres. Es difícil saber qué día y a qué hora abre.

HORA OFICIAL
REIAL ACADÈMIA DE CIÈNCI

BIBLIOTECA DE LA REAL ACADEMIA DE LAS CIENCIAS Y LAS ARTES

13

La Rambla, 155 • Metro Catalunya • Teléfono: 93 317 0536
• Horario de invierno: de lunes a jueves, de 16 a 19 h
• Horario de verano: de lunes a jueves, de 10 a 13 h
• Visitas guiadas algunos sábados de verano
• www.racab.es

La Hora Oficial

En la fachada de este edificio puede verse un reloj del año 1869 que marca la hora oficial de la ciudad desde 1891.

En teoría las visitas al interior de este edificio modernista, inaugurado en 1765 y firmado por el arquitecto Josep Doménech i Estapà, están restringidas. Sin embargo, el Ayuntamiento suele organizar visitas guiadas los días sábados. También se puede acceder en calidad de investigador, académico, o sencillamente como curioso con ganas de descubrir la fantástica colección de relojes antiguos que encierran sus paredes.

El archivo y la biblioteca de la Academia contienen más de 150 mil volúmenes relacionados con la ciencia y sus aplicaciones en diferentes disciplinas. Como hecho anecdótico se puede mencionar que muchos de estos libros fueron puestos en tela de juicio en 1773 por los inquisidores, pues se sospechaba que podían herir la susceptibilidad religiosa del Santo Oficio.

En la segunda planta del edificio se ubica la sala de juntas y un espacio destinado a instrumentos científicos de colección, como un astrolabio del siglo XVI, y relojes antiguos. El más destacado es un reloj astronómico que marca la hora, la salida y la puesta del sol en 24 capitales del mundo, además de contar con un calendario perpetuo y un planetario con los signos del zodíaco. Esta obra maestra de la relojería fue diseñada por Albert Billeter, también autor del reloj del Campanar de Gracia.

LAS RAMBLAS

La vía urbana llamada Rambla es un invento barcelonés que proviene de la palabra árabe *ramlah* (arenal). En el resto del país la rambla es el lecho natural por donde corre la lluvia cuando cae copiosamente. En Cataluña llaman rieras a las ramblas naturales, y ramblas a las avenidas con dos filas de árboles, aceras laterales y andenes centrales por los que discurren riadas de personas.

SEXO EN UN HELICÓPTERO

Bagdad. Teléfono: 93 442 0777. www.bagdad.com

Bagdad es el cabaret más emblemático de Barcelona. Básicamente porque fue el primer local legal de España en ofrecer un espectáculo de sexo explícito. Ahora, también es el primero en ofrecer sus servicios a bordo de un helicóptero o un globo aerostático. Para los más convencionales, o los que sufren de vértigo, está el paseo en limusina con chicas y chicos dispuestos a mostrar el lado más sexy de la ciudad.

LA MANO DEL MONASTERIO SANT PAU DEL CAMP

14

Sant Pau, 101
Metro Paral-lel
De lunes a viernes, de 16 a 20 h
Sábados de 10 a 14 y de 16 a 20 h
Entrada: 2 €

No deja de sorprender un edificio del románico anclado en pleno centro de la ciudad. Declarado Monumento Nacional en 1879, el monasterio de Sant Pau del Camp se erigió en las afueras de la ciudad amurallada, en el campo, y todavía hoy, a pesar de su céntrica ubicación, mantiene el encanto bucólico. Se cree que fue construido antes del año 911, pero no hay muchas noticias ni pruebas sobre la fecha exacta de su fundación, salvo la tumba de quien lo mandó a construir, el conde Guifré-Borrell.

"La mano de Dios como símbolo de poder

En la fachada se puede ver la mano derecha de Dios con dos dedos extendidos. Está esculpida en una hornacina circular y la acompañan las figuras de un ángel y un águila, ambas ya muy erosionadas por el paso del tiempo. Esta misma imagen también se encuentra dentro de la iglesia, debajo de una banca. La mano de Dios es el símbolo cristiano más veces empleado durante la temprana Edad Media, y representa el poder divino. Siempre es la derecha, por ser la más fuerte, y suele ser representada en grandes formatos que ejemplifican el poder colosal de Dios dentro de la iglesia. En este caso, la mano se encuentra en actitud de bendición. En otras representaciones la actitud puede ser de mando o de amenaza, según con qué ademán se quiera expresar la voluntad de Dios. La respuesta a por qué se emplea como jeroglífico se encuentra en la palabra hebrea *iad*, que significa mano y poder al mismo tiempo.

El claustro es la parte más importante del monasterio a nivel monumental. Dispone de cuatro entradas terminadas en arcos trilobulados. Los arcos se apoyan en columnas rematadas en capiteles decorados con motivos animales y vegetales.

A lo largo de su historia el monasterio ha sufrido varias destrucciones y consecuentes remodelaciones. Por ejemplo, en tiempos de la ocupación francesa, entre 1808 y 1814, se convirtió primero en hospital de las tropas francesas y después en caserna de las tropas italianas. En 1814, gracias al profesor Joan de Zafont, reabrió sus puertas como centro de enseñanza religiosa.

LA INUNDACIÓN DE 1981

El 21 de agosto de 1981 una gran lluvia cayó sobre Barcelona e inundó el monasterio de San Pau del Camp hasta una altura de dos metros. Un cartel colgado en una puerta recuerda los hechos.

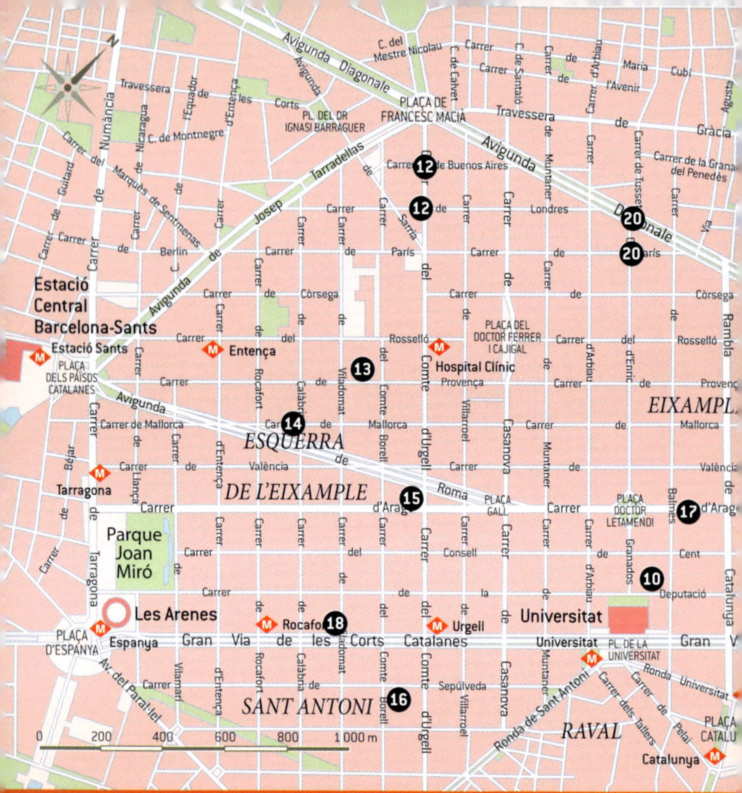

Estació Central Barcelona-Sants
Estació Sants
Entença
Hospital Clínic
Tarragona
Parque Joan Miró
Les Arenes
Espanya
Plaça d'Espanya
Rocafort
Urgell
Universitat
ESQUERRA DE L'EIXAMPLE
EIXAMPLE
SANT ANTONI
RAVAL
Catalunya
Avigunda Diagonale
Plaça de Francesc Macià
Gran Via de les Corts Catalanes
0 200 400 600 800 1 000 m

EIXAMPLE

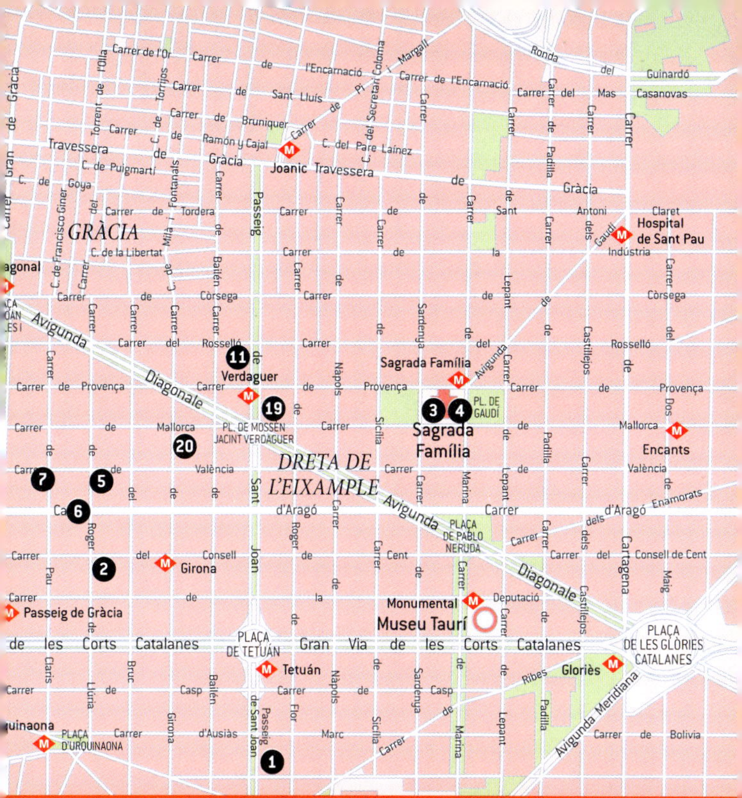

CUADRO TEMÁTICO

BIBLIOTECA ARÚS

1

Passeig de Sant Joan, 26 principal
Metro Arc de Triunf

- Teléfono: 93 232 5404
- De lunes a jueves, de 10 a 14 y de 15 a 19 h
- Viernes, de 9 a 14.30 h
- www.bpa.es
- Carné de lector: 20 €, renovable cada tres años.
- Acceso libre para los estudiantes.

“*Todo sobre los masones*

Todo en la biblioteca Arús es singular. Desde la entrada, luminosa y agradable, hasta la escalera de mármol de colores y la palabra *Salve* a manera de bienvenida. La primera sensación que genera este lugar es la de misterio y desproporción. Los objetos y los espacios son casi siempre demasiado grandes, o demasiado pequeños, y no hay un estilo específico. Antes de ser una biblioteca fue la casa particular de Rossend Arús (1847 – 1891), filántropo, autor teatral y gran maestro francmasón que creyó en el conocimiento como único camino hacia la redención del ser humano. Murió muy joven y dejó como gran legado su excéntrica vivienda y una extensa biblioteca sobre masonería, anarquismo y movimientos sociales contemporáneos.

Arús documentó toda su vida y lo que ocurría a su alrededor en unas libretas que hoy se pueden consultar en la biblioteca. En ellas ha quedado registrado su gran esfuerzo por conseguir la laicización total de la francmasonería y el abandono de los ritos que podían vincular a los masones con el esoterismo.

La biblioteca, fundada en 1895, está llena de detalles curiosos. En lo alto de la escalera cuelga una placa de reconocimiento a la labor masónica de Arús como Gran Maestro de la Logia Simbólica Regional Catalana. Al lado de la placa, unas cenefas geométricas de inspiración helénica y una columnata jónica acompañan una réplica de dos metros de altura de la Estatua de la Libertad neoyorquina. Con esta reproducción, Arús quiso dejar en claro su pasión por la emancipación a través de la educación.

La presencia de Arús no sólo se deja sentir en la placa de reconocimiento, también en un retrato colgado en un lugar especial de la biblioteca que donó, y en el busto que puede verse a la salida de la misma. Arús, que escribió algunas obras teatrales, fue un hombre calvo, de bigote, que vestía levita y plastrón, muy elegante y heredero de una familia acaudalada. Hoy, quienes frecuentan la biblioteca para consultar libros sobre anarquismo, masonería y diversas utopías pueden jactarse de estar en un espacio francamente inspirador, rodeado de las efigies de Esquilo, Poe y otros grandes escritores que Arús admiró en vida.

JARDINES DE LA TORRE DE LAS AGUAS

2

Roger de Lluria, 56
Metro Girona

- Noviembre, diciembre, enero y febrero: de 10 a 18 h
- Marzo y octubre: de 10 a 19 h
- Abril y septiembre: de 10 a 20 h
- Mayo, junio, julio y agosto: de 10 a 21 h

"*Los oasis de Eixample*

Los jardines de la Torre de las Aguas son un oasis en pleno centro del Eixample. Una puerta de hierro forjado, diseñada por Robert Llimós con unos dibujos que simulan las ondas del agua da la bienvenida a un espacio de descanso y esparcimiento para los vecinos.
La idea de colocar este tipo de remansos de paz artificiales en el centro de los bloques residenciales perteneció al arquitecto que diseñó la zona del Eixample, Ildefons Cerdá, y los jardines de la Torre de las Aguas conforman uno de los pocos espacios que sobrevivieron al planteamiento original.
El jardín está presidido por la magnífica Torre de las Aguas, que antiguamente abastecía de agua al vecindario, y hoy es el lugar de encuentro para los vecinos. Fue construida por el arquitecto Josep Oriol Mestres y el ingeniero Antoni Darder en 1870 y cuenta con una pequeña piscina muy frecuentada por los niños durante el verano.

¿EIXAMPLE MASÓNICO?

Hasta 1859 Barcelona fue una plaza rodeada de murallas, pero a principios del siglo XIX la ciudad empezó a expandirse. El encargado de urbanizar la zona entre la Barcelona antigua y la cordillera de Collserola fue Ildefons Cerdá, progresista, ingeniero y francmasón, aunque no exista ningún documento que acredite su afiliación a las logias.
La cuadrícula del Eixample, que se extiende hasta la avenida Diagonal, plaza de España y avenida de Carlos I, está compuesta de cuadrados perfectos, achaflanados en sus vértices. Hay quienes encuentran en esta obsesión por los cuadrados una influencia masónica en el diseño. Verdadero o falso, lo cierto es que Cerdá se propuso hacer del Eixample un distrito igualitario, donde no existieran diferencias entre unos barrios y otros, con muchas áreas verdes, sin ningún centro de poder manifiesto y grandes espacios de descanso para los vecinos. El plan urbanístico de Cerdá pretendía que la ciudad dejará de ser un foco de epidemias, y que el Eixample fuera un espacio luminoso, con patios ajardinados y rodeado de árboles, con amplias calles, edificios de poca altura y relativamente parecidos para dar una sensación de igualdad social. Pero gran parte del proyecto de Cerdá se quedó en el papel. Con los años, la especulación inmobiliaria echó por tierra la mayoría de sus principios.

1 14 14 4
11 7 6 9
8 10 10 5
13 2 3 15

EL CUADRADO MAGICO DEL TEMPLO EXPIATORIO DE LA SAGRADA FAMILIA

3

Mallorca, 401
Metro Sagrada Familia
• Teléfono 93 207 3031
• De octubre a marzo, de 9 a 18 h
• De abril a septiembre, de 9 a 20 h
• Cierra las tardes del 25 y 26 de diciembre, y del 1 al 6 de enero
• Entrada: 8 €
• www.sagradafamilia.org

"El misterio del cuadrado mágico

El cuadrado mágico es uno de los grandes interrogantes que encierra la Sagrada Familia, la gran obra maestra inacabada de Gaudí.

El cuadrado está compuesto de una serie de cifras. La suma de dichas cifras siempre da el mismo número: 33. Da igual si se suman de manera horizontal, vertical o diagonal, el resultado siempre será 33. Lo curioso es que en este tipo de cuadrados la suma de las cifras normalmente da 34, no 33. Esta obra no pertenece a Gaudí, al igual que todas las esculturas del atrio, sino al escultor Josep María Subirachs, quien en enero de 1987 instaló su residencia en el mismo templo para poner en marcha su más ambicioso proyecto artístico. Y allí vivió hasta 2004.

Son muchas las interpretaciones que giran en torno al cuadrado mágico de Subirachs, ubicado en el pórtico, junto al Beso de Judas y a una serie de esculturas que representan diferentes escenas de la vida de Jesús.

La primera explicación tiene que ver con Cristo, que murió a los 33 años. La segunda con las logias masónicas, porque 33 son los grados de la francmasonería y 33 el número que los distingue. Este número procede de atribuir a la letra griega gamma mayúscula el valor 3 y a la lambda el valor 30. Los símbolos característicos de las logias son la escuadra, representada por la gamma; y el compás, representado por la lambda. Ambos suman 33.

Con el cuadrado mágico, Subirachs tal vez quiso incluir una velada mención a la supuesta filiación masónica de Gaudí, aunque ésta nunca fue confirmada. Es más, Gaudí llevó una vida tan casta y entregada a la religión y al trabajo que pocos son los que consideran la posibilidad de que haya tenido tiempo para formar parte de una logia.

La tercera explicación tiene que ver con un tributo a Alberto Durero y su obra *Melancolía*, fechada en 1514. En este grabado también aparece un cuadrado mágico, aunque en el de Durero la constante mágica es 34.

QUÉ VER EN LOS ALREDEDORES

EL LABERINTO DE LA SAGRADA FAMILIA ❹

En la fachada de la Pasión, situada en la calle Sardenya y orientada a poniente, se puede ver el laberinto tallado en piedra. Cerca de él se ubica una serpiente cuya cola simboliza la autorrealización. Esta fachada es obra de Subirachs y ha sido construida recientemente. En teoría, respeta el proyecto inicial de Gaudí, aunque es difícil saber hasta qué punto, pues los planos, maquetas y bocetos originales fueron destruidos durante la Guerra Civil. Por otra parte, la obra de Subirachs ha generado muchas polémicas por alejarse del estilo realista que Gaudí solía imprimirle a sus obras.

LOS LABERINTOS Y SUS SÍMBOLOS

Según la leyenda, uno de los primeros laberintos habría sido construido por Dédalo para encerrar al Minotauro, monstruo nacido del amor entre la reina Pasífae, esposa de Minos, rey de Creta, y un toro. Según algunos arqueólogos, los complejos planos del palacio de Minos en Cnosos, Creta, podrían ser el origen de la leyenda.

Sólo tres personas lograron salir del laberinto. Teseo llegó a Creta para matar al monstruo y Ariadna, hija de Minos, se enamoró de él y le dio un hilo (el célebre hilo de Ariadna) para que pudiera encontrar el camino de vuelta. Y también salieron Dédalo y su hijo Ícaro: Dédalo había sido encerrado por Minos en su propio laberinto. Según ciertas versiones, Minos quería evitar que revelara los planos; según otras, Minos lo quería castigar por haberle dado a Ariadna la idea del hilo. El laberinto estaba tan perfectamente concebido, que la única solución que encontró Dédalo para escapar fue elevarse por los aires con la ayuda de un par de alas de cera y plumas que fabricó para él y para Ícaro.

Aunque varias civilizaciones han diseñado o grabado laberintos (los mesopotámicos, los indios hopis, los navajos, los egipcios), en Europa están presentes desde la prehistoria. Recuperados por la cristiandad, los laberintos se encuentran especialmente en las catacumbas de Roma, en las iglesias de San Michele Maggiore en Pavia, San Savino en Plasencia (un mosaico desaparecido), y en Lucca, Italia, al igual que en Francia, en Chartres y en Reims. Orientado la mayor parte de las veces hacia el oeste, que es la dirección de donde vienen los demonios (es la dirección de la muerte, el lado por donde se pone el sol), el laberinto permite atraparlos antes de que lleguen al coro, sabiendo que los demonios sólo pueden desplazarse en línea recta.

El complejo simbolismo de los laberintos también remite a nociones del sentido de la vida: el laberinto se puede asociar con el hombre que se pierde al enfrentarse al Universo, sin saber hacia dónde se dirige ni de dónde viene. Pero, al mismo tiempo, el centro del laberinto puede considerarse como el lugar de salvación divina y la Jerusalén celeste, a la que se llega después de un camino iniciático, necesario a pesar de que pueda ser intrincado y doloroso. En la consecución de esta meta, el vuelo de Dédalo e Ícaro simboliza la elevación del espíritu hacia el conocimiento, y del alma hacia Dios. Y también el amor, simbolizado en Ariadna y Teseo, permite escapar de la absurda condición humana.

ANIS
BOSCH

DELICATESSEN QUEVIURES MURRIA 5

Roger de Llulia, 85
Metro Passeig de Gracia
• Teléfono: 93 215 5789
• De lunes a viernes, 9 a 14 h, y de 17 a 21 h

El mono de Darwin

Llena de exquisitos y exclusivos productos, la centenaria tienda delicatessen Queviures Murria exhibe en su fachada una réplica del afiche de Ramón Casas, pintor, precursor del arte del cartel en Barcelona y figura del modernismo. El afiche en cuestión es una reliquia publicitaria que promociona el consumo de Anís del Mono. No se trata del afiche original, que forma parte de la colección privada de la familia Osborne, pero no por ello deja de ser valioso.

En 1898 Ramón Casas ganó un concurso convocado por las destilerías Bosch de Badalona. El premio consistía en pasar a la posteridad diseñando el logotipo del Anís del Mono. El ganador se inspiró en la revolución que causó Darwin al publicar, en 1859, *El origen de las especies.*

Casas interpretó la teoría de Darwin ("el hombre proviene del mono") de una manera un tanto descabellada pero efectiva. En la etiqueta escribió la siguiente frase: "Es el mejor. La ciencia lo dijo y yo no miento". Casas ganó, y el cartel de Anís del Mono se convirtió en un éxito sin precedentes que han intentado copiar muchas otras marcas sin obtener jamás los mismos resultados.

Queviures Murria es una tienda histórica. Fue inaugurada en 1898 y en un principio funcionó como tostadero de café y fábrica de barquillos. En ese entonces se llamaba La Purísima, igual que una iglesia muy cercana.

QUÉ VER EN LOS ALREDEDORES

LA IGLESIA QUE SE MUDÓ DE BARRIO 6

Iglesia de la Concepción. Aragó, 295. Metro Girona. Teléfono: 93 457 6552
De lunes a domingo, de 8 a 13 y de 17 a 21 h

La iglesia de la Concepción no siempre estuvo en el número 295 de la calle Aragó. En 1869 fue trasladada piedra a piedra desde su localización original en la calle Jonqueres. Las labores se iniciaron el 29 de junio de ese mismo año y concluyeron dos años después. El traslado y la reconstrucción estuvieron a cargo de Jeroni Granell i Mundet.

La iglesia, construida en el siglo XIV y de estilo gótico, formó parte del Monasterio de Jonqueres hasta que el Ayuntamiento reclamó ese terreno por razones urbanísticas. El párroco logró que la iglesia fuera trasladada al entonces inexistente distrito de Eixample, donde todo era campo, pájaros y árboles. En 1879 se unió al conjunto un campanario, procedente de la iglesia de San Miguel, que también tuvo que ser derruida.

VISITAS NOCTURNAS AL MUSEO EGIPCIO

7

Valencia, 284
Teléfono: 93 488 0188
- De lunes a sábado, de 10 a 20 h
- Domingos, de 10 a 14 h.
- Entrada: 7 €
- www.fundclos.com
- Visitas nocturnas dramatizadas: viernes y sábados no festivos a las 21.30
- Precio: 20 € por persona
- Banquete egipcio: 30 €

> *Una cena al estilo de los faraones egipcios*

El Museo Egipcio de Barcelona ofrece unas visitas nocturnas especiales, tal vez algo *kitsch* para el gusto de cierto público pero también bastante ilustrativas. Para empezar están las recreaciones de episodios de la vida cotidiana egipcia. Una sacerdotisa del templo de Isis se infiltra entre los visitantes y anuncia la muerte del faraón Tutmosis III. Mientras señala cada una de las piezas que intervienen en los rituales funerarios egipcios, la sacerdotisa explica el largo camino que tendrá que recorrer el difunto faraón en su búsqueda de la vida eterna. Si la muerte del faraón no despierta demasiado el interés también se puede presenciar en vivo y en directo, y en un plató de lo más auténtico, los últimos momentos de la vida de Cleopatra VII junto a su amado Marco Antonio. O los motivos que llevaron a Ramsés II a dominar buena parte de Oriente Próximo en el siglo XIII a.C.

Otra de las posibilidades que ofrece el Museo Egipcio de Barcelona es un recorrido para conocer el arte culinario de la antigua civilización. La velada concluye con un banquete en la terraza del museo, una degustación similar a la que disfrutaban los faraones egipcios.

El museo también ofrece un diplomado y un master en egiptología, así como programas didácticos para niños y jóvenes que pueden acceder a réplicas de materiales arqueológicos para una mejor comprensión del universo egipcio. Algunas de las clases se pueden llevar a cabo en el campus arqueológico, ubicado en la localidad de Palau-solità i Plegamans, a 20 kilómetros de Barcelona. Aquí, estudiantes de todas las edades pueden realizar labores de excavación y prácticas arqueológicas pues cuentan con tres réplicas de yacimientos egipcios.

Los que quieran visitar el museo en horario regular se encontrarán con una colección de más de mil piezas divididas en cinco secciones temáticas: atributos y función del faraón, cargos y personajes privados, vida cotidiana, prácticas funerarias y religión.

MUSEO DEL PERFUME

8

Passeig de Gracia, 39 • Metro Passeig de Gracia • Teléfono: 93 216 0121
• De lunes a viernes, de 10.30 a 14 y de 16.30 a 20 h
• Sábados, de 11 a 14 h • www.museudelperfum.com

« *Un museo escondido al fondo de una tienda*

La fachada y el interior pertenecen a una perfumería contemporánea, moderna, como cualquier otra. Sin embargo, basta preguntarle a una de las encargadas por la localización del Museo del Perfume para que señale una puerta al fondo de la tienda. En cuanto la encargada enciende las luces, la primera expresión es de sorpresa. Dentro de las vitrinas brillan hasta cinco mil frascos de perfumes ordenados cronológicamente.

Primero se pueden apreciar los esencieros, perfumadores y frascos egipcios, etruscos, romanos y griegos. Estas reliquias son el primer paso de un largo recorrido por la historia de los perfumes, que también incluye miniaturas, catálogos, material publicitario antiguo y etiquetas de perfumes.

Inaugurado en 1961, el Museo del Perfume cuenta con una fantástica colección de envases que destacan por su originalidad o por su procedencia, como el perfume que utilizaba la reina María Antonieta. También se descubren historias detrás de los perfumes, como la del *4711*, una de las marcas más antiguas que adquirió su nombre cuando Napoleón ordenó a sus soldados contar y marcar todas las casas de Colonia, en Alemania, y resultó que en el número 4711 de la calle Glockengasse vivía un perfumista.

El pequeño museo cuenta con frascos de colección. Por ejemplo, el que Christian Dior mandó a diseñar por el aniversario de Miss Dior, creado en 1947: se mandaron a hacer sólo cien frascos en cristal de Baccarat, y uno de ellos se encuentra tras la vitrina del museo. O el envase especial diseñado por Salvador Dalí para el perfume Le Roi Soleil.

En definitiva, una visita atractiva para los curiosos, los amantes de los perfumes y los perfumistas que quieran ver de cerca la evolución del perfume. Desde su uso ritual y aristocrático hasta su popularización en la gran industria que es hoy en día.

QUÉ VER EN LOS ALREDEDORES

EL JARDÍN DEL PALAU ROBERT

9

Passeig de Gracia, 107 • Metro Diagonal • Teléfono: 93 238 4010

En la convergencia de las transitadas avenida Diagonal y Passeig de Gracia se ubica el Palau Robert, un centro que tiene como misión facilitarle al ciudadano información de todo tipo para conocer el territorio español. Pero lo que pocas personas conocen es que esta mansión de finales del siglo XIX cuenta con un maravilloso jardín donde descansar, leer o simplemente disfrutar del amigable entorno. El palacio fue la residencia privada del aristócrata Robert i Suris, quien encargó la construcción de una mansión de estilo neoclásico al arquitecto francés Henry Grandpierre.

MUSEO GEOLÓGICO DEL SEMINARIO DE BARCELONA

10

Diputació, 231
Metro Universitat
- Teléfono: 93 454 1600
- De lunes a jueves, de 17 a 19 h
- Entrada libre

"Mucho más que un montón de piedras

¿Qué tiene que ver la religión con la paleontología? Para el Museo Geológico, todo. De otra manera no se explica que su sede se ubique dentro del edificio del Seminario de Barcelona y que los guías, directores e investigadores sean sacerdotes.

El Museo Geológico del Seminario de Barcelona es un lugar muy especial que no decepcionará al visitante. El acceso no es sencillo, y es bastante probable que uno se despiste y se pierda entre las escaleras y los pasillos de este curioso lugar. Si finalmente se consigue encontrar la puerta del museo, bingo, un cura explicará al recién llegado cómo y por qué conservan los restos de un mastodonte encontrado en Sabadell o por qué tiene tanto valor la mandíbula de un homínido del Mioceno.

Si al primer intento no se encuentra el recinto, se puede tomar un breve descanso en alguno de los magníficos patios y balcones con los que cuenta el edificio.

Este museo fue fundado en 1874 y está especializado en paleontología, principalmente en fósiles de invertebrados. Forma parte de la iglesia de Barcelona y cuenta con más de 60 mil piezas de todos los períodos geológicos, todas ellas de gran interés siempre y cuando un guía, es decir un cura y científico, explique la razón de ser de un fósil. También dispone de una biblioteca donde se pueden encontrar hasta 13 mil títulos sobre la materia y un laboratorio equipado para recibir y clasificar los fósiles que van llegando. Anualmente publican la revista *Batallería*, que difunde las actividades y vida del museo así como las investigaciones realizadas.

Es muy frecuente la visita de investigadores y especialistas en paleontología. De lo único que se quejan los sacerdotes es que no vienen muchos niños a ver fósiles porque no cuentan con ningún artilugio tecnológico que despierte su atención. De todas formas, como en general no reciben muchas visitas, es mejor llamar previamente para solicitar una cita.

COLEGIO SAN MIGUEL DEL SAGRADO CORAZÓN

11

Rosselló, 175
Metro Hospital Clinic
• Teléfono: 93 410 4005
• El claustro (el patio del colegio) no está abierto al público, pero acepta visitas si se solicita una cita previa, o un permiso, en calidad de favor, al vigilante.

> **"Un claustro gótico en el patio de la escuela**

Un colegio de barrio esconde en su interior una muestra representativa de la arquitectura gótica barcelonesa. Se trata de un claustro de tres alas (originalmente iba a ser de cuatro pero la cuarta nunca llegó a construirse), que fue trasladado piedra por piedra desde el Raval.
El claustro data del siglo XV y a lo largo de su historia ha tenido que soportar, además de un traslado, un incendio durante la Semana Trágica de Barcelona, en 1909. Ahora las gárgolas que descansan en cada una de sus esquinas disfrutan de un panorama mucho más apacible: los partidos de baloncesto de los alumnos.
El motivo del traslado, hace dos décadas, responde al crecimiento del centro histórico de Barcelona, y a la necesidad de reemplazar monumentos históricos por espacios abiertos al público. El convento de Santa María de Jerusalén, que se ubicaba en la actual plaza de la Gardunya, fue una de las víctimas de la expansión del centro de Barcelona. El convento es hoy el parking del mercado de la Boquería, y lo que quedó de su claustro fue trasladado al colegio San Miguel del Sagrado Corazón.

MÁS DERRIBOS Y TRASLADOS

Similar suerte corrieron otros conventos y edificios religiosos. La gran reforma del barrio antiguo, en el siglo XIX, afectó a los terrenos y solares eclesiásticos. Para ese entonces la iglesia era propietaria de casi el 20 % de la superficie urbana entre cementerios, colegios, iglesias y conventos. Lo que no se destruyó en la quema de conventos de 1835 y la Semana Trágica de 1909 fue expropiado mediante disposiciones truculentas pero legales. El claustro trasladado al colegio San Miguel del Sagrado Corazón es sólo una pequeña muestra de la metamorfosis que ha sufrido Barcelona en los dos últimos siglos.
Una pérdida realmente lamentable fue la iglesia y convento del Carme, que permitió ensanchar la calle dels Angels y la apertura de las calles Notariat y Doctor Dou. El teatro del Liceu se construyó donde antes existía el convento de la Mare de Déu de la Bona Nova y el Hotel Orient, en la Rambla, en el terreno que perteneció al colegio franciscano de Sant Bonaventura. El hotel ha integrado parte del claustro en la zona del comedor, donde todavía pueden verse algunos arcos ciegos. El huerto del convento de San Agustí Vell se convirtió en una plaza y su biblioteca en el teatro Odeón, ya desaparecido. Todo esto entre otras muchas sustituciones, traslados y derribos.

bany

LOS SEMÁFOROS DE LA CALLE COMTE URGELL

12

En la calle Comte Urgell
Uno en el cruce con la calle Buenos Aires
y otro en el cruce con la calle Londres.

> *Semáforos design*

Estos semáforos pintados de plateado se han convertido en un símbolo de la Barcelona que se fue. Son los más antiguos de la ciudad y nadie sabe a ciencia cierta cuándo se colocaron, pero se cree que más o menos a finales de los años cuarenta o principios de los cincuenta. Los semáforos, anclados en un bloque de piedra, son muy singulares pues están coronados por una farola.

El primer semáforo se instaló en Barcelona en 1929, año de la Exposición Universal, en el cruce de la calle Provença con Balmes. En un principio las señales eran accionadas de forma manual por un agente de tránsito. Con el tiempo, el cambio de luces empezó a realizarse a través de una pieza de caucho que se activaba con el paso de los vehículos.

Durante la Guerra Civil se instalaron semáforos en la Gran Vía, en la Plaza de Cataluña, en Portal de l´Angel, en el Passeig de Gracia, en la Rambla de Cataluña y en la avenida Diagonal, y con los años se fueron multiplicando hasta convertirse en indispensables para regular el tránsito.

QUÉ VER EN LOS ALREDEDORES

ANTIGUA EDITORIAL SOPENA

13

Provença, 93 • Metro Hospital Clinic

Donde antes estuvo la editorial de Ramón Sopena, creada en 1894, hoy existe un jardín interior, uno de los pocos que han sobrevivido a las reformas urbanísticas. Como homenaje a la editorial, el artista Jordi Gispert creó un curioso mosaico a partir de los elementos que conformaban la fachada original de la editorial, es decir, con restos de esculturas, baldosas y azulejos.

14

UN RELOJ SIFÓN

Avinguda de Roma, 105

El sifón de cemento de la Avinguda de Roma es dos, y hasta tres, veces más grande que uno de verdad. Dentro tiene un reloj y está colocado en la fachada de un taller de mecánica. Este local antes fue una fábrica de sifones (Sifones A. Puértolas), y ha querido conservar el reloj sifón como recuerdo de otra época.

Durante la primera mitad del siglo XX la gente consumía mucho sifón. Era la competencia de la gaseosa, porque también solía mezclarse con el vino, sólo que al primero se le atribuían cualidades digestivas. Con los años la gaseosa se convirtió en una bebida más popular y desplazó al sifón del mercado. También es cierto que el envase llegó a resultar obsoleto, sobre todo porque no era muy fácil de transportar y siempre existía el ligero riesgo de que explotara.

AGRUPACIÓN ASTRONÓMICA DE BARCELONA (ASTER)

15

Aragó, 141 – 143 2 E
Metro Urgell
• Teléfono: 93 451 4488
• Martes y jueves, de 18. 30 a 21 h
• www.aster.org

Dónde observar las estrellas en Barcelona

Fundada en 1948, la Agrupación Astronómica de Barcelona (ASTER) es un selecto club para los amantes de las estrellas, los agujeros negros, los cometas y todo lo que tenga que ver con la astronomía.
Durante los años sesenta, los socios de ASTER fueron los primeros europeos en sintonizar la señal emitida por el Sputnik-1 y con técnicas totalmente amateurs. Desde entonces la agrupación ha ejercido una importante labor divulgativa. Entre las actividades más importantes está el curso de iniciación a la astronomía, abierto para el público en general, que incluye clases teóricas y prácticas. Aquí se aprende desde cómo usar un telescopio hasta cómo orientarse de noche teniendo como única referencia a la estrellas.
Como parte del curso se organizan salidas a la ladera del Tibidabo con el fin de localizar y nombrar las estrellas más luminosas. La excursión dura entre cuatro y cinco horas, y en ella se realiza una observación general del cielo con posibilidades de alcanzar a ver Venus, Marte o Júpiter. En una noche serena se pueden ver tres mil de las cien mil millones de estrellas que habitan en nuestra galaxia. También hacen una excursión diurna, que tiene como objetivo observar el sol (con el equipo adecuado para no dañar la vista). Además, se aprende un poco de astrofotografía, y al final del curso los alumnos se pueden llevar a casa una magnífica foto de la Luna o del cielo profundo.
El curso cuesta 110 euros y las plazas son limitadas. También incluye una visita guiada al Museo Marítimo.

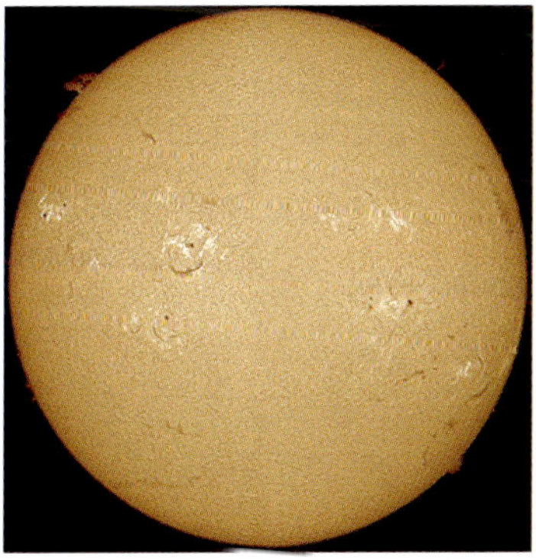

Este club de aficionados cuenta con una amplia hemeroteca y una biblioteca especializada en astronomía, astrofísica, meteorología y aeronáutica, y es el lugar ideal para intercambiar, vender o comprar telescopios, accesorios o cualquier otro tipo de material astronómico de segunda mano. En definitiva, un lugar de reunión donde las conversaciones siempre girarán en torno a los astros.

ACIA 53
LABIOS
VOLUMEN
VICHY

QUÉ VER EN LOS ALREDEDORES

MADROÑAL, ANTIGUA FARMACIA PRATS 16

Comte Borrel, 133
Metro Rocafort y Urgell

En una de las típicas esquinas achaflanadas del Eixample se ubica la farmacia Madroñal, una obra de arte de la arquitectura modernista.

El farol rojo en la puerta, que antiguamente servía para advertir a los paseantes que ahí se vendían medicinas, es un foco de atención para niños y adolescentes. Imposible no vincular la estética de la fachada con el estilo de *Harry Potter.* La relación no resulta del todo descabellada.

En esta botica, fundada en 1901, en algún momento se prepararon pócimas secretas, en base a tinturas de cicuta o de genciana, que curaban males aparentemente irremediables. Si bien ahora estos frascos de cerámica se confunden con los envases y las cajas que contienen los últimos avances científicos, la farmacia no ha perdido su esencia y encanto, que se han mantenido casi intactos a lo largo de más de cien años de existencia.

El mobiliario modernista es el original, lo mismo que las lámparas de gas, que han sido adaptadas a la corriente eléctrica. El techo tallado presenta el escudo de la provincia y las clásicas copa y serpiente, símbolo de las farmacias del mundo.

FARMACIAS CON ESTILO

Madroñal no es la única farmacia que mantiene el mobiliario modernista original.

Bolós (antigua farmacia Novelles) también ha superado el paso del tiempo. Se ubica en el número 77 de la Rambla de Cataluña, es obra de Antoni de Falguera y está en perfecto estado de conservación.

Lo mismo ocurre con la farmacia Mestre (Villarroel, 53). Ubicada en un edificio de interés histórico, luce coloridos vitrales y una balanza de principios del siglo XX.

Una farmacia muy curiosa es Robert (Roger de Llúria, 74). Fundada en 1906, cuenta con un aparato ya en desuso que antiguamente servía para esterilizar los instrumentos de laboratorio.

La farmacia Sánchez (Bruc, 88) conserva una gran cantidad de recipientes antiguos; y en Galup (Pau Claris, 83) se pueden leer carteles obsoletos, como "Aceite de hígado de bacalao Galup, el mejor reconstituyente, el más tolerable y agradable al paladar".

La farmacia Arderiu (Ballén, 113) se ubica en un edificio de fachada esgrafiada.

La farmacia Enrich (Muntaner, 83) también tiene una fachada muy singular, con una puerta de hierro y vidrio y el clásico símbolo farmacéutico (la copa y la serpiente). En el interior se puede apreciar frascos de colección sobre antiguos armarios de madera. Otra farmacia que cuenta con vistosos frascos es Sanchis (antigua Tanganelli), ubicada en el número 117 de la Rambla de Cataluña. La farmacia Vilardell (Gran Vía, 650) conserva elementos muy interesantes para el ojo curioso: todo el mobiliario está hecho en madera tallada. Además, conserva una lámpara de gas antigua.

EL MODERNISMO EN CATALUÑA

El *Art Nouveau* empezó a expandirse en Europa a partir de 1880 y Cataluña, por reforzar su nacionalismo y por sentirse más próxima a las ideas europeas que a las españolas, adoptó con bastante naturalidad esta tendencia, a la que llamó modernismo.

En arquitectura, Gaudí, Puig i Cadafalch y Doménech i Montaner asumieron las riendas del modernismo y los principios de libertad para la creación de nuevas formas anteriormente rechazadas, como los conceptos artísticos basados en la Naturaleza o la legitimación de las técnicas artesanales. En pintura, los máximos exponentes fueron Ramón Casas, Santiago Rusiñol e Isidre Nonell, que solían reunirse en el café literario Els quatre gats (Montsió, 3). Este mismo lugar también fue frecuentado por Picasso, cuyas pinturas de las épocas azul y rosa son consideradas modernistas.

El término *Art nouveau* se debe a Samuel Bing (1838-1905), nacido en Hamburgo, quien en 1895 abrió en París una galería de arte a la que llamó *"Art nouveau"*. Allí empezaron a exponer la mayoría de los futuros grandes representantes de esta nueva forma de arte. El término Jugendstil, que hoy se emplea para designar sobre todo a la corriente geométrica, era la denominación inicial del Art nouveau en Alemania y en Austria. Debe su origen a un editor alemán, George Hirth, que en 1896 lanzó en Múnich la revista satírica *Jugend*. Su estilo provocador y su original tipografía se asociaron enseguida a las numerosas novedades artísticas de la época: había nacido el *Jugendstil*.

Hay más palabras que evocan el modernismo en Europa. *Sezessionstil*, en Austria, que se refiere al movimiento de la secesión vienesa fundado por Gustav Klimt en 1897. El *Liberty Style* en Inglaterra y en Italia, que debe su nombre a la tienda Liberty & Co, especializada en tejidos modernos. Otros términos, más populares, como el de estilo "tallarín" o "spaghetti" se han utilizado para definir el mismo concepto.

Más que una simple corriente artística, el modernismo quería ser una nueva manera de pensar y de vivir, una ruptura con un modelo de sociedad al que rechazaba. Tenía como objetivo la liberación del modelo de explotación del mundo obrero, del papel de la Iglesia y de la mujer, a través del descubrimiento de un erotismo y una sensualidad prohibidos hasta ese momento. De ahí las numerosas representaciones estilizadas de cabezas de mujer sobre las fachadas de los edificios.

El modernismo tuvo su edad de oro en Barcelona entre los años 1880 y 1930. En el resto de Europa desapareció súbitamente con la Primera Guerra Mundial, porque el estilo, evidentemente costoso, no pudo responder a las necesidades de las masivas reconstrucciones de la posguerra. En Barcelona se mantuvo firme hasta convertirse en uno de los periodos más fértiles en términos artísticos.

LA TIENDA DEL ESPÍA

17

Aragó, 240
Metro Passeig de Gracia
• De lunes a viernes,
de 10 a 14 y de 17 a 20. 30 h

> **"Todo para espiar y evitar ser espiado**

¿Unas gafas de sol con espejos retrovisores o un escucha paredes? ¿Tal vez un detector de micrófonos ocultos, o una cámara escondida en una cajetilla de cigarros? En la Tienda del Espía tienen estos y muchos otros adminículos necesarios para espiar y evitar ser espiado. Entre sus productos estrella se encuentra un cambiador de voz que consiste en un teléfono del tamaño de un aparato de fax, y que finge distintos tipos de voces: la de un abuelo, la de un niño, o la de una señora.

Si se trata de tomar fotos sin ser descubierto o jugar al *paparazzi* aquí venden todas las posibilidades: el tornillo cámara, la cámara bolígrafo, la cámara mechero, o la cámara calculadora. La Tienda del Espía lleva casi veinte años en el negocio del espionaje y cuenta con una plantilla de detectives privados al servicio de empresas, maridos celosos, esposas con dudas y todo aquel que quiera conocer lo que se esconde más allá de lo evidente

QUÉ VER EN LOS ALREDEDORES

CASA DE LA LACTANCIA

18

Gran Vía de les Corts Catalanes, 475
Metro Rocafort

Ya no existen centros como la Casa de la Lactancia, un servicio creado en 1903 por el centro municipal de asistencia a las embarazadas y el servicio Gota de Leche para los niños pobres. La Casa de la Lactancia se creó a semejanza de un centro francés dedicado a eliminar de la leche materna los microorganismos que pudieran generar enfermedades gástricas en los recién nacidos. La Casa de la Lactancia se instaló por primera vez en la calle Valldonzella con el fin de donar leche materna esterilizada que garantizara el desarrollo de los bebés.

En 1913 se trasladó a un pequeño palacio proyectado por los arquitectos Antoni de Falguera y Pere Falqués. Con este lugar se buscó poner freno a los altos índices de mortalidad infantil de la época. Aquí también se ofreció asistencia médica a las mujeres embarazadas y cuidados especiales a los bebés. Un notable escultor de entonces, Eusebi Arnau, fue el encargado de dar forma a las piezas que adornan el edificio. Entre ellas, la figura de una matrona alimentando a un niño con un biberón.

El edificio, que actualmente funciona como una casa para ancianos, consta de una planta semisótano, planta baja y piso. La decoración es modernista y predominan los motivos florales y los vidrios. El patio central ha sido cubierto con una claraboya.

LA CICLISTA DE LA CASA MACAYA

19

Paseo de Sant Joan, 108
Metro Verdaguer

Barcelona sobre dos ruedas

La Casa Macaya es obra de uno de los grandes maestros del modernismo catalán: Josep Puig i Cadafalch (1867-1956). Discípulo de Lluís Doménech i Montaner, Puig fue considerado el último representante del modernismo y el primero del novocentismo. Casa Macaya fue construida en 1901 y cuenta con unos refinadísimos detalles en piedra. Como por ejemplo el tributo a la bicicleta, el medio de transporte más cómodo y veloz de la época.
Eusebi Arnau esculpió una bicicleta en uno de los extremos de la Casa Macaya, que actualmente alberga el centro de exposiciones de la Caixa. Quien conduce la bicicleta de piedra es una mujer pues la intención de Arnau fue dejar constancia de la importancia en cuanto a libertad de movimiento e independencia que significaron las bicicletas entre las mujeres de aquellos tiempos.
La bicicleta se difundió rápidamente en Barcelona, aunque la llegada y posterior proliferación de los automóviles cambió el diseño de la ciudad y generó grandes dificultades entre los ciclistas. Recién en 1989 se impuso una red de carriles que hoy constituye un medio alternativo de transporte en Barcelona. El primer carril para bicis se estableció en la avenida Diagonal.
El artista Ramón Casas fue un gran aficionado este medio de transporte ecológico. Casas y Pere Romeu fueron los propietarios de la mítica taberna Els Quatre Gats (Montsió, 3). En ella se puede contemplar una reproducción del famoso cuadro de Casas donde aparece junto a Romeu montando una bicicleta tándem. El cuadro original se encuentra en el Museo de Arte Moderno (Parque Ciutadella).

QUÉ VER EN LOS ALREDEDORES

FACHADAS ESPECIALES

20

A muy pocas calles de Casa Macaya, en 1901, Jeroni F. Granell i Manresa construyó una vivienda muy particular, que se dio a conocer como la cara "humilde" del modernismo. Casa Granell (Girona, 122) es un modesto edificio hecho por y para la clase trabajadora que exalta la creatividad y el colorido.
La Casa Sayrach, ubicada en el número 423 de la avenida Diagonal, es un edificio de formas orgánicas que atrapa la atención del caminante. Manuel Sayrach (1886-1937) fue un gran arquitecto, que intervino en la literatura, la política y la filosofía de la época. En buena parte de su obra reinterpreta a Gaudí a partir de un estilo muy personal e imaginativo.
A pocos metros, en el número 106 de la calle Enrique Granados, se puede ver otra fachada interesante. Se trata de la Casa Frances Cairó. En ella, el arquitecto modernista Doménech Boada invirtió grandes dosis de imaginación y talento.

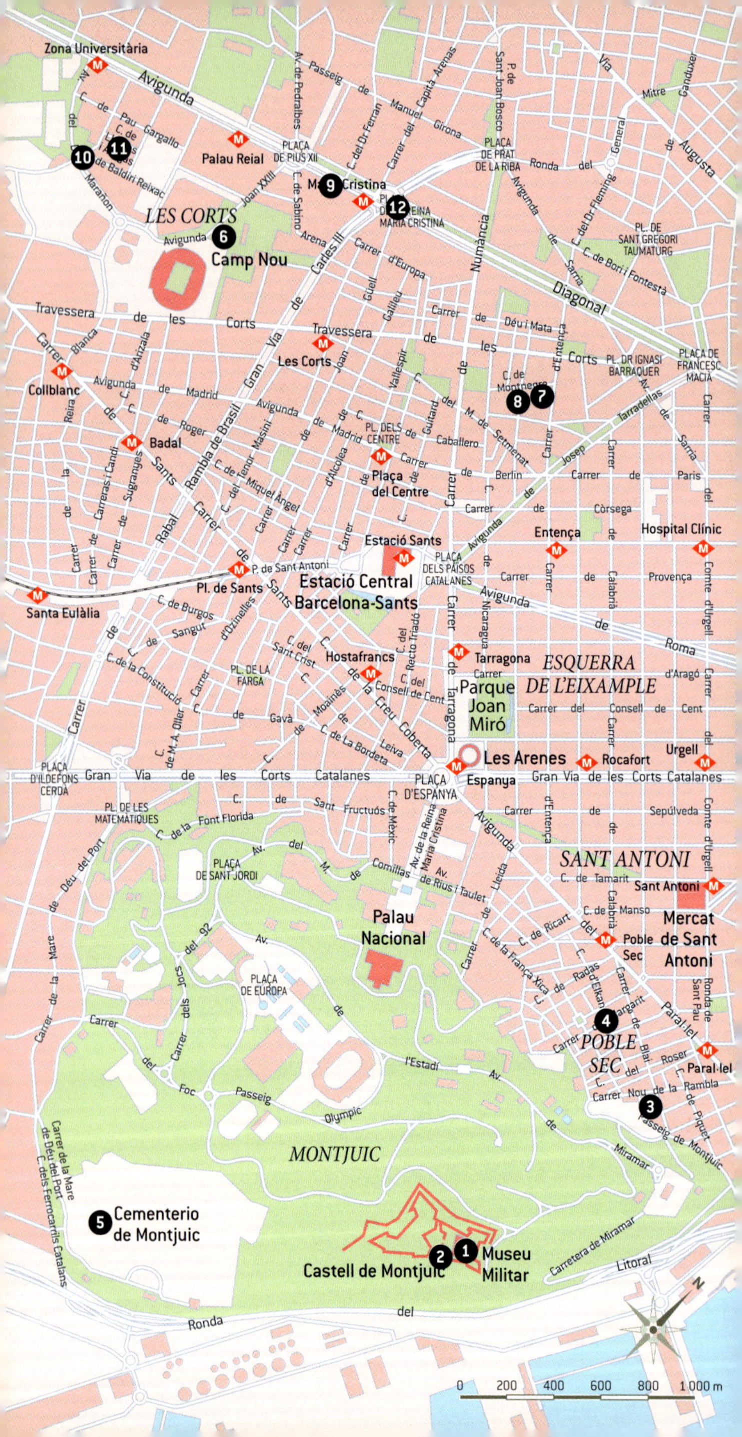
Zona Universitària
Avigunda Diagonal
Palau Reial
PLAÇA DE PIUS XII
Maria Cristina
PL. DE LA REINA MARIA CRISTINA
PLAÇA DE PRAT DE LA RIBA
LES CORTS
Camp Nou
Travessera de les Corts
Les Corts
Collblanc
Badal
PL. DELS PAÏSOS CATALANES
Plaça del Centre
PL. DELS CENTRE
Entença
Hospital Clínic
PL. DR IGNASI BARRAQUER
PLAÇA DE FRANCESC MACIÀ
Estació Sants
Estació Central Barcelona-Sants
Pl. de Sants
P. de Sant Antoni
Santa Eulàlia
Hostafrancs
Tarragona
ESQUERRA DE L'EIXAMPLE
Parque Joan Miró
PL. DE LA FARGA
Les Arenes
Rocafort
Urgell
Espanya
PLAÇA D'ESPANYA
PLAÇA D'ILDEFONS CERDÀ
Gran Via de les Corts Catalanes
PL. DE LES MATEMÀTIQUES
PLAÇA DE SANT JORDI
SANT ANTONI
Sant Antoni
Mercat de Sant Antoni
Palau Nacional
Poble Sec
PLAÇA DE EUROPA
POBLE SEC
Paral·lel
MONTJUIC
Cementerio de Montjuic
Castell de Montjuic
Museu Militar
Carretera de Miramar
Litoral
Ronda del Litoral
0 200 400 600 800 1 000 m

OESTE

CUADRO TEMÁTICO

MUSEU
DEL
CÒMIC

MUSEO DEL CÓMIC

1

Castillo de Montjuic
Buses 50 y 55
• Teléfono: 658 921 383
• De martes a sábado, de 11 a 14 y de 15 a 18 h
• Domingos sólo en las mañanas. Lunes cerrado.
• Entrada: 3 €

Lo más curioso del museo del Cómic es que se encuentra dentro de un castillo medieval que a su vez alberga el museo militar de Barcelona.

"Y el museo del Cómic ocupó la sala número 17 del Museo Militar...

Este aparente desvarío tiene que ver con la gran inundación que sufrió el museo original del Cómic cuando se ubicaba a 30 minutos de Montjuic. Ahora ocupa la sala número 17 del museo militar. No deja de resultar sorprendente ver cañones, uniformes y escopetas, y luego, en la siguiente sala, la vida y obra del *Capitán Coraje o de Lilian Azafata del Aire.*

El museo del Cómic reúne una colección gigantesca sobre la historia de los tebeos en España. En sus vitrinas se puede observar el desarrollo del género a lo largo de diferentes épocas. Desde la primera revista oficial (*Dominguín*) y los cómics femeninos durante el franquismo (*Azucena, Florita y Mary Noticias*) hasta los fanzines que burlaron más de una vez a la censura durante la dictadura.

Durante las Guerras Mundiales y la Guerra Civil española se generalizó la temática bélica. Los grande éxitos del momento fueron *Episodios de Guerra* y *Hazañas Bélicas*, que cuenta con un capítulo *ad hoc* para los sentimientos de la época: *Semillas de odio.*

Es una lástima que buena parte del archivo esté en un depósito esperando su reubicación. Lo bueno es que el encargado, el señor José María Delhom, es un apasionado de los tebeos y casi siempre está disponible para contar las anécdotas de cada año en la vida del cómic español. Se le ubica dentro del museo militar, o se pregunta por él en la boletería.

EL NOMBRE MONTJUIC...

... se remonta a los tiempos en que la ciudad de Barcelona se llamaba Barcino. Es decir, al siglo XV a.C. Esta elevación de terreno fue llamada Mons Iovis y su nombre fue evolucionando hasta la forma catalana Montjuic. En latín, Iovis significa jovial. También es un término relacionado a Júpiter. Entre los romanos el "dies Iovis" era el día dedicado al culto de Júpiter.

LA AVENTURA DEL SISTEMA MÉTRICO DECIMAL

Son pocos los barceloneses que saben hasta qué punto su ciudad estuvo involucrada en la creación del metro. Ni siquiera sospechan que avenidas como Meridiana o Paral-lel le rinden tributo a la medida de longitud, e indirectamente a los geógrafos, científicos, topógrafos y exploradores del siglo XVIII, que pasaron seis años realizando complicadísimos cálculos. Este trabajo de medición recayó en dos topógrafos franceses: Pierre François Méchain y Jean-Baptiste Delambre. Delambre se encargó de medir la parte norte hasta Rodez, y el resto, hasta Barcelona, le fue asignado a Méchain.

La técnica empleada fue la triangulación geodésica, que consistía en trazar una cadena de triángulos, cuyos vértices fueran las montañas situadas a lo largo del meridiano. Méchain trabajó estrechamente con dos matemáticos asignados por el rey Carlos IV: José Chaix y Juan de Peñalver, entre otros colaboradores. Durante seis años Méchain y su equipo viajaron con materiales muy frágiles y muy pesados, y construyeron las llamadas "torres de señalamiento", casi siempre soportando condiciones climáticas adversas. Por si fuera poco, resistieron acusaciones de espionaje y sortearon una guerra. En 1798, Méchain y Delambre se encontraron en Carcassone y volvieron a París con los resultados obtenidos, que si bien fueron aprobados no conformaron del todo a los académicos. Por ello, Méchain volvió a España en 1802, para extender los cálculos hasta Ibiza con el fin de lograr una mayor exactitud en la determinación del metro. Pero murió de paludismo en 1804 y fue enterrado en Castellón. La búsqueda de la medida perfecta continuó hasta 1983 (ver pagina 199).

Pierre François MÉCHAIN

Jean-Baptiste DELAMBRE

QUÉ VER EN LOS ALREDEDORES

EL MONUMENTO AL METRO DEL CASTILLO DE MONTJUIC

2

Buses 50 y 55
- De martes a sábado, de 11 a 14 y de 15 a 18 h
- Domingos sólo en las mañanas. Lunes cerrado.

En el foso izquierdo del castillo de Montjuic se puede ver una escultura y monumento al metro como medida de longitud. *La talla métrica de la natura*, obra de Valerie Berjeron, es una torre de hormigón de nueve metros de altura que se ubica entre tres árboles de diferentes ritmos de crecimiento: una encina, un albaricoquero y un álamo blanco. Se eligió este lugar para colocarlo pues la torre del Castillo de Montjuic sirvió como punto de referencia en las mediciones que realizó Pierre-François Méchain. La pieza no despierta demasiado la atención de los visitantes, son pocos los que se detienen a contemplar su belleza y rememorar la hazaña que homenajea.

REFUGIO 307

3

Nou de la Rambla esquina con paseo de Montjuic
Metro Paral-lel
- De lunes a viernes, de 10 a 13.30 h
- Entrada: 8 €
- Visitas con permiso previo
- Teléfono de información: 93 256 2122

> *Un refugio antiaéreo histórico*

Visitar uno de los pocos vestigios de la defensa de los barceloneses durante la Guerra Civil puede ser una experiencia escalofriante. El refugio 307 es un viaje a través del tiempo que transporta al visitante a una guerra no muy lejana. Aquí, los vecinos de Poble Sec se protegían de los bombardeos aéreos de las fuerzas de Mussolini, que atacaron sin tregua a las poblaciones de retaguardia.

El lugar fue descubierto por casualidad en la Semana Santa de 1995, cuando fue demolida una tienda de vidrios que dejó al descubierto una de sus tres entradas. Construido en 1937, este fue uno de los refugios más completos de la época pues contaba con cableado eléctrico, equipo electrógeno autónomo, enfermería, sanitarios y fuentes de agua que se alimentaban de los manantiales de Montjuic. En teoría debía servir para acoger a 2.000 personas pero nunca se terminó de construir, así que no se sabe a ciencia cierta cuántas personas lograron librarse de las bombas.

En dos años se construyeron en Barcelona 1.400 refugios, y sólo 288 en la zona del actual distrito de Sants-Montjuic.

Ahora únicamente quedan restos de algunos cuantos porque las obras de ampliación del metro, la mejora del alcantarillado y los nuevos aparcamientos subterráneos han afectado a la mayoría de ellos. El 307 es uno de los pocos que ha sobrevivido a la ampliación de la ciudad.

Éste es también el único refugio que no fue clausurado por las tropas franquistas. Después de la guerra sirvió de criadero de champiñones, almacén de una fábrica de vidrio y hogar para los sin techo. En la década de los 60 fue clausurado hasta que volvió a ser descubierto en 1995.

Hoy se puede acceder a este lugar acompañado de un guía que explica los sucesos más importantes de la Guerra Civil y los esfuerzos de los ciudadanos de a pie por crear espacios donde protegerse del pánico y las bombas.

QUÉ VER EN LOS ALREDEDORES

FACHADAS EXTRAÑAS

4

Carrer de Margarit, 30 y 34

Recorrer la zona de Poble Sec puede deparar gratas sorpresas, como estas dos inquietantes fachadas. La primera se ubica en el número 30 de Carrer de Margarit y es una alegoría al mundo industrial. Se trata de un medallón donde se puede ver a una mujer apoyada en una rueda dentada.

OTROS REFUGIOS ANTIAÉREOS

De los 1.400 refugios antiaéreos que se contabilizaron durante la Guerra Civil sólo han sobrevivido unos cuantos. La mayoría han sido sepultados y redescubiertos en remodelaciones, o en las obras de ampliación del metro.

Uno de ellos es el de la plaza Diamant, un entramado de túneles con sala de curaciones y sanitarios. Fue "descubierto" en 1992 a raíz de una instalación eléctrica y es uno de los 88 refugios que existieron en el barrio de Gracia.

Las obras para un nuevo aparcamiento en la plaza de la Revolución dejaron al descubierto una de estas construcciones protegidas. Poco se pudo hacer para salvarla en su totalidad. Sólo lograron rescatar la sala de curas y parte de un pasillo. Se llega a través de una puerta ubicada en el aparcamiento, pero el acceso es limitado.

Al pie de la montaña de Callserola un empresario millonario construyó una mansión llamada el Palau de les Heures. El señor murió en 1898 y la casa quedó deshabitada hasta que la Generalitat la expropió durante la Guerra Civil. El refugio de esta mansión se encuentra en perfecto estado de conservación.

El búnker del antiguo consulado soviético, ubicado en la calle Tibidabo, 17–19, también se mantiene intacto. Cuenta con diversos despachos, cocina, oficinas y dormitorios encerrados entre muros de hormigón armado y dos puertas de hierro colado sólo manipulables desde dentro. Otro refugio privado es el que se edificó en el sótano de la célebre Casa Milá de Gaudí. Aquí se protegieron de las bombas los miembros del PSUC (Partit Socialista Unificat de Catalunya). Fue demolido durante las obras de remodelación que se llevaron a cabo en 2000.

Una tapa de alcantarillado en la plaza Tetuán es la puerta de entrada a otro refugio que se conserva en buenas condiciones. Destaca, a su vez, el refugio del inmueble ubicado en el número 6 de la calle Fusina. Por su sólida estructura esta vivienda se convirtió en el lugar de cobijo de los vecinos. Hoy es un bar de copas.

También están los refugios de Can Peguera, el de la calle Sardenya, muy cerca de la Sagrada Familia, y el de la avenida Pedralbes, atribuido al ex presidente de la República Juan Negrín.

Si bien muchos de estos lugares se encuentran en estado óptimo, no todos pueden ser visitados; es necesario presentar alguna justificación. La razón es que el acceso a muchos de ellos implica cierto riesgo, pues hace falta descender con cuerdas y equipo espeleológico.

Para visitar el refugio de la plaza Diamant:
Ayuntamiento de Gracia: 93 211 4973

Para visitar el refugio del Palau de Les Heures:
Fundación Bosch i Gimpera: 93 403 9100

LOS SÍMBOLOS DE LOS ÁRBOLES EN EL CEMENTERIO DE MONTJUIC

5

Cementerio de Montjuic
Mare de Déu del Port, 56-58
Bus 13 y 125
• Teléfono: 93 484 1999
• De lunes a domingo, de 8 a 18 h

“ *Botánica fúnebre*

El cementerio de Montjuic fue construido en 1883 en vista de que el de Poblenou resultaba insuficiente para las demandas de los barceloneses. El área del cementerio es de 56 hectáreas y cuenta con 150 mil sepulturas de interés arquitectónico y escultórico. Para su construcción, el arquitecto Leandro Albareda pensó en un espacio abierto que prescindiera de límites concretos, que tuviera un carácter inglés, y mucha luz y color.

Desde el momento de su creación, el camposanto aspiró a la excelencia estética: muchas de las tumbas miran al mar y la botánica cumple con exigentes principios sobre la vida y la muerte, según las recomendaciones de Celestino Barallat, un erudito en temas necrológicos y autor del insólito tratado de jardinería *Principios de botánica funeraria.*

Según Barallat hay plantas pertinentes para un cementerio y otras que contradicen la intención del descanso eterno. Las plantas espinosas, por ejemplo, están prohibidas, a excepción del espino blanco que es sinónimo de esperanza, y el escaramujo. Tampoco se aceptan los cactus, aunque algunos hayan sido admitidos como metáfora del vigor a pesar de los sufrimientos. Es frecuente la presencia del ciprés, árbol mágico para los celtas y símbolo de la inmortalidad del alma, y del roble, que recuerda la fortaleza de los bosques. También se acepta el césped sin demasiadas flores, como en el paraíso; mucha hiedra; la siempreviva amarilla, que en la simbología cristiana representa la revelación y el anuncio de la gloria eterna; y el sauce, símbolo de la tristeza.

Con respecto a las tumbas, hay obras magníficas, sobre todo en las vías de San Olegario, Santa Eulalia, San José y San Francisco, donde se pueden visitar la mayor cantidad de obras de arte por metro cuadrado. Hay panteones en mármol, bronce o hierro forjado; todos deslumbrantes. Antiguamente la burguesía no escatimaba en gastos cuando se trataba de enterrar a un familiar. Con los mausoleos lujosos y las espléndidas figuras en mármol se rendía tributo a una vida gloriosa. Entre las más célebres están las modernistas, como los ángeles del escultor Arnau. También el espectacular panteón neogótico de la familia Bastinos, o el de la familia Urrutia, de piedra blanca y estilo neoclásico. Entre las más excéntricas están el ángel tétrico con escudo y espada en el panteón de la familia Serra-Tries, el ángel pensativo en el de la familia Alomar-Estrany, el león en la tumba de Alfons Albéniz, la mujer desesperada en el sepulcro de la familia Brutau, o el panteón con alfombra de los Pomes Casas.

Por su carácter apoteósico o extravagante ninguno decepciona.

MASÍA DEL BARÇA

6

Avenida Joan XXIII, 2-14
Metro Zona Universitaria
• Teléfono: 93 496 3606
• Pedir cita previa

Para ver entrenar a los futuros Messi...

Una de las pocas masías de Les Corts que ha sobrevivido al paso del tiempo es la residencia de las jóvenes promesas del Fútbol Club Barcelona.

La antigua residencia payesa, construida en 1702, se ubica frente a la cara este del Camp Nou. Es aquí donde los jóvenes prodigios del fútbol viven, entrenan, estudian y cuentan los días para su debut profesional. La mayoría de los residentes son adolescentes que han dejado su familia y sus casas para dedicarse al deporte. Todos ellos se forman en un ambiente cien por ciento futbolístico. Los hay de todas las nacionalidades, y por supuesto también españoles cuyas familias no viven en Barcelona.

De esta cantera han salido figuras como Guardiola, Xavi, Puyol, Gabri o el argentino Messi, y muchos otros grandes jugadores. Dentro hay recuerdos de todos los deportistas que han pasado por esta residencia y que sirven de inspiración para las futuras estrellas del balompié.

La masía está rodeada de jardines y de esculturas. Tiene 610 m2, dispone de cocina, comedor, sala de estar, biblioteca, administración, servicios, dormitorios y vestuarios. De los 60 jóvenes seleccionados por el Fútbol Club Barcelona, 12 viven en la masía y el resto en unas habitaciones dentro del estadio.

Si bien se puede ver a los chicos entrenando, no se aceptan visitan a menos que se llame por teléfono y se expliquen los motivos e intereses.

Las masías catalanas se remontan a la Edad Media, pero sus orígenes se encuentran en las granjas fortificadas que construían los colonos romanos. Eran de paredes gruesas y alas adosadas para los animales, aunque no existe una estructura única entre las masías pues evolucionaron a lo largo del tiempo de acuerdo a las necesidades de sus ocupantes. La más antigua de todas es la Masía Torre Rodona, de 1610. (Pío XII, 4).

EL ORIGEN DE LOS COLORES DEL BARÇA

El azul y el granate son los colores que distinguen al FC Barcelona desde su fundación, en 1899. Estos colores fueron elegidos por el fundador del club, el deportista suizo Hans Gamper (quien luego pasó a llamarse Joan Gamper). Al parecer, Gamper escogió estos colores porque eran los mismos que identificaban al FC Basilea, equipo suizo donde supuestamente jugó antes de llegar a Barcelona. La otra versión afirma que escogió los colores del cantón Suizo Tesino, donde vivía su hermana.

COLONIA CASTELLS

7

Pasajes Transversal, Barnola, Piera, Castells y calle Castells
Metro Sants

> *Un pequeño pueblo en la gran ciudad*

La colonia Castells toma su nombre de la fábrica de barnices y charoles que se ubicaba en Travesera de las Corts. Es una isla rural en plena ciudad, que cuenta con casas de un solo piso, con jardín y terraza, modestas pero espaciosas y, sobre todo, muy vistosas. Estas construcciones datan de finales del siglo XIX y fueron construidas para los obreros que venían del sur a trabajar a Barcelona, en un momento de imparable crecimiento industrial.

La fábrica de charoles fue propiedad de Manuel Castells i Carles (1843 – 1904), quien quiso ponerle el nombre de su hijo, Manuel Castells i Juncosa, a un pasaje. Similar tributo le rindió a su nuera, María Dolores Barnola i Grau, pues utilizó su apellido para bautizar otro pasaje. Así, la calle y el pasaje Castells, la calle Transversal, y los pasajes Barnola y Piera todavía conservan el espíritu de una ciudad condenada a desaparecer. Una Barcelona que nada tiene que ver con el diseño ni los rascacielos. De hecho, existe ya un proyecto que plantea convertir la zona en un parque rodeado de bloques de pisos. De momento, y hasta que lleguen las grúas, se puede caminar por un barrio de más de 100 años de antigüedad, bastante pintoresco, lleno de recuerdos de otros tiempos, como la fábrica de botones López, ubicada en la calle Morales.

QUÉ VER EN LOS ALREDEDORES

UN CARNERO EN LES CORTS

8

Montnegre, 46

Incrustada en la fachada de un establecimiento comercial clausurado, la escultura en piedra de una cabeza de carnero rodeada de una gran orla de hojas atrae la atención de los paseantes curiosos. Antiguamente esa misma tienda fue una carnicería, y se cree que quien colocó ahí la escultura fue alguno de los integrantes de la familia Molins, conocidos como "los triperos". Los Molins eran dueños de un matadero. Después de la Guerra Civil cerraron el matadero y se dedicaron a vender vísceras en el mercado de Santa Caterina. De aquellos tiempo sólo ha sobrevivido la curiosa escultura del carnero que ahora funciona como punto de referencia para los vecinos de la zona.

JARDÍN DE JAUME VIÇENS I VIVES

9

Avenida Diagonal, 629
Metro Maria Cristina

Zoológico de estatuas

Sin lugar a dudas el jardín de Jaume Viçens i Vives es el parque más insólito y secreto de toda Barcelona. La bienvenida la da una aterradora escultura en hierro de un reno que está siendo devorado por unos lobos. Conforme uno accede al recinto van apareciendo otras esculturas de animales, como una familia de jabalíes caminando en fila india, un venado con cara de desconcierto o alguna gacela decapitada. Definitivamente uno no viene a este parque a admirar la belleza escultórica. Se trata de figuras huérfanas, que parecen no haber encontrado su lugar en el mundo, o que no supieron dónde colocarlas y han ido a parar a este parque. Todas las esculturas son de distintos materiales: las hay de mármol, de yeso y de bronce, y ninguna guarda una relación con respecto a la otra, ni de proporción ni de estilo. Es un zoológico de estatuas que roza lo grotesco: algunos animales han perdido parte de sus ornamentos y se han convertido en una especie de mutantes o híbridos que no dejan indiferentes al espectador. Para mayores señas, este pequeño parque rodeado de edificios se ubica justo al lado del edificio La Caixa.

QUÉ VER EN LOS ALREDEDORES

TALLERES DE ANATOMÍA HUMANA A DOMICILIO

10

Hominid Projectes CulturalsParc Cientific de Barcelona
- Adolf Florensa, 8
- Metro Zona Universitaria
- Teléfono: 93 403 4476 / 630 621 930

Si se agotó el tema de conversación y las sobremesas son cada vez más aburridas, ha llegado el momento de contratar los servicios de Victoria Medina y Silvia Pintado. Ambas dictan talleres a domicilio de antropología, arqueología y biología, entre otros. El taller de evolución humana, de una hora de duración, puede ser una manera muy productiva de acercarse a los hijos adolescentes.

LA VIDA EN 3D : CENTRO DE REALIDAD VIRTUAL

11

Llorens i Artigas, 4-6
- Teléfono: 93 401 2591
- Pedir cita previa

El Centro de Realidad Virtual, que pertenece a una universidad y a una empresa privada por partes iguales, cuenta con todos los equipos relacionados con las nuevas tecnologías. También con simuladores, tanto de batallas para el sector militar, como de intervenciones quirúrgicas para la medicina. El centro no está abierto al público en general. Para visitarlo es necesario pedir una cita previa. Normalmente reciben a empresas interesadas en cubrir carencias del negocio, y a estudiantes ansiosos por saber cómo funciona la vida en tres dimensiones.

JUNY
MARÇ
NOVEMBRE
DESEMBRE

UN RELOJ ANALEMÁTICO 12

Plaza Reina María Cristina

> *La hora del sol*

A 100 metros del zoológico de estatuas (ver pagina 139) se ubica la plaza Reina María Cristina. Aquí se puede ver un reloj sobre el pavimento que distrae la atención de los caminantes por su originalidad. Se trata de un reloj analemático, es decir un reloj de sol carente de varillas, un reloj de sombra perfecto.

Un analema es la curva que describe la posición solar desde un mismo punto, si se observa todos los días del año a la misma hora del día, y ese es el principio que rige a este reloj. Para saber la hora exacta es necesario que el cielo esté relativamente despejado y que alguien se sitúe sobre el mes correspondiente. Entonces la sombra marcará la hora. El reloj tiene 10 metros de diámetro y fue diseñado en 1997 por Eduard Farré i Olivé, la parte artística corresponde a Quim Deu. En el reloj figuran las coordenadas de la ciudad, 41° 23´18´´ latitud norte y 2° 07´38´´ longitud este.

El reloj analemático más antiguo que se conoce data de 1506 y se encuentra en Bourg-en-Bresse, Francia.

OTROS RELOJES SOLARES EN BARCELONA

En la ciudad hay muchos otros relojes de sol, y once a destacar. En la plaza de Lesseps se puede ver un reloj vertical, esculpido en piedra, situado sobre la puerta de la iglesia de Sant Josep (conocida como la iglesia Josepts). Este reloj marca las horas desde que sale el sol hasta las dos de la tarde. En Can Tusquets, una masía que alberga una residencia para niños abandonados, (Travesera de Dalt, 61) hay otro reloj vertical, de 1793, cuya numeración está en cifras romanas. En la plaza del Nord se puede ver la hora en un reloj rectangular de cuatro metros de ancho. En la plaza del Sol se ubica uno de los relojes solares más originales. Se trata de un reloj ecuatorial de bronce con los signos zodiacales. Muy cerca de allí, en la Casa de les Punxes (Diagonal, 418), colgado en la parte alta de la fachada, hay un reloj de cerámica que también funciona como calendario. La iglesia de la Mare de Déu dels Àngels (Balmes, 78) cuenta con cuatro relojes situados en las cuatro fachadas del campanario. En la playa de Bogatell, en la Villa Olímpica, se puede ver un reloj bifilar de hormigón y acero inoxidable. Este tipo de relojes cuenta con dos hilos fijos en el espacio. La sombra que genera el cruce de los hilos marca la hora.

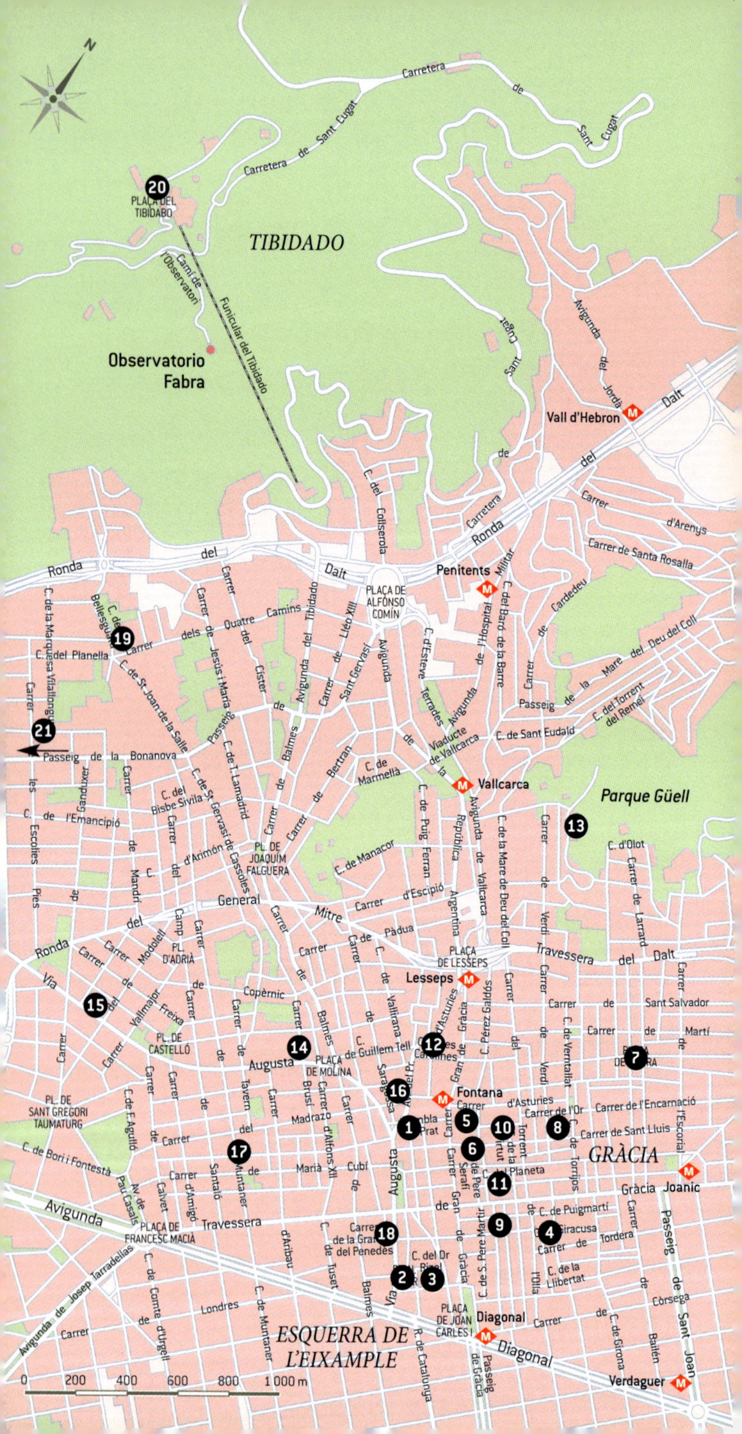
TIBIDADO
Observatorio Fabra
Funicular del Tibidado
Plaça del Tibidabo
Carretera de Sant Cugat
Vall d'Hebron
Penitents
Plaça de Alfonso Comín
Vallcarca
Parque Güell
Pl. de Joaquím Folguera
Plaça de Lesseps
Lesseps
Plaça de Molina
Fontana
GRÀCIA
Joanic
Pl. de Sant Gregori Taumaturg
Plaça de Francesc Macià
Plaça de Joan Carles I
Diagonal
Verdaguer
ESQUERRA DE L'EIXAMPLE
Ronda del Dalt
Passeig de la Bonanova
Ronda General Mitre
Travessera del Dalt
Via Augusta
Avigunda Diagonal
Travessera de Gràcia
0 200 400 600 800 1 000 m

NORTE

CUADRO TEMÁTICO

LAS CUATRO CARAS DEL CINE BOSQUE

1

Rambla del Prat, 16
Metro Fontana

Rostros de piedra

Ubicados en la fachada de los multicines Bosque, los rostros en piedra de los pintores Pablo Picasso e Isidre Nonell, del doctor Jacinto Reventós y del escultor y autor de las obras Pau Gargallo, esconden curiosos antecedentes.

El solar que ahora ocupa el multicine formaba parte de la finca La Fontana, propiedad de Joaquim de Prat i de Roca, y es precisamente en este espacio donde Prat tenía un bosque particular. Durante la segunda mitad del siglo XIX se hicieron muchas representaciones teatrales y musicales en este jardín hasta que finalmente, en 1905, se logró construir un teatro que se llamó el Gran Teatre del Bosc. Pau Gargallo recibió el encargo de moldear las cuatro esculturas que adornarían la fachada del flamante teatro. En 1998 y después de múltiples remodelaciones, el local pasó a convertirse en un cine. Los rostros en piedra también sufrieron algunos modificaciones pero se mantuvieron y adaptaron al nuevo edificio.

UNA VIDA POLÍTICAMENTE VOLUBLE: EL CINC D´OROS

En el cruce de Passeig de Gracia con Avinguda Diagonal.

El emblemático obelisco ubicado en el centro de dos arterias muy importantes de Barcelona ha tenido una vida muy accidentada y políticamente voluble. En un siglo de vida ha sido republicano, luego fascista durante cuarenta años y ahora monárquico. Conocido popularmente como "el lápiz" (por su forma), y "la gallina" o "el loro" (porque durante el franquismo estuvo coronado por el águila imperial), el obelisco empezó a construirse el 15 de septiembre de 1915. El encargado de erigir este monumento a Pi i Margall, primer presidente de la república española, fue el escultor Josep Viladomat. El 29 de diciembre de 1979 el Ayuntamiento retiró los símbolos fascistas del monumento y colocó un escudo real al pie del obelisco en honor a la monarquía. La plaza, llamada antiguamente Cinc d´Oros porque recordaba al cinco de oros de la baraja española, se llama ahora Plaza de Juan Carlos I en honor al rey.

El Paseo de Gracia, que con los años se convirtió en un lugar de paseo para la clase media alta barcelonesa, empezó a construirse en 1821. Fue un primer y tímido intento de expandir la ciudad y unir las Ramblas con el entonces lejano barrio de Gracia. El paseo se trazó sobre una carretera de tierra, conocida antiguamente como el Camino de Jesús. Las obras se paralizaron en 1823 y se reanudaron en 1827 con la finalidad de darle trabajo a los hombres que perdieron sus empleos durante la depresión de la década de 1820.

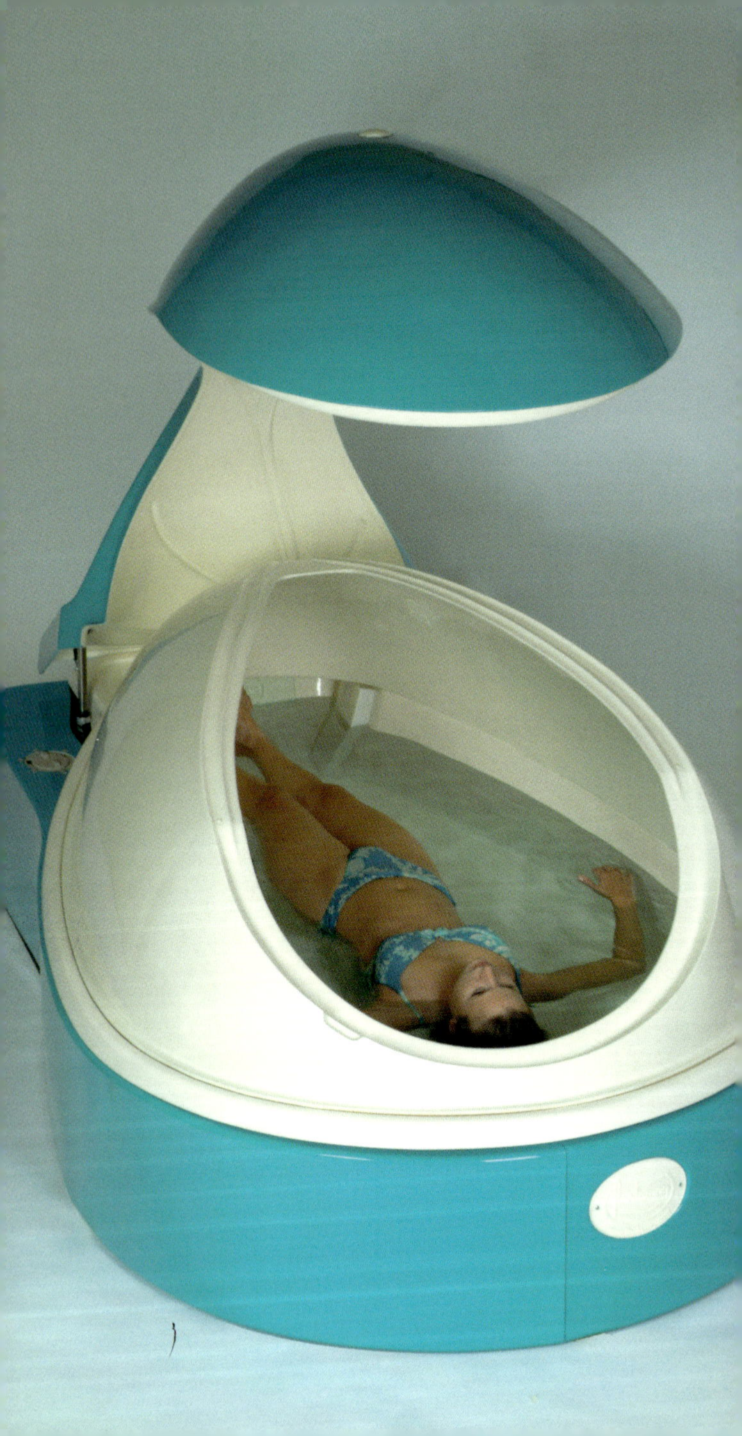

FLOTARIUM

2

Plaza Narcís Oller, 3
Metro Diagonal • Teléfono: 93 217 3637 • Todos los días, de 10 a 22 h
• Precio: 35 € • www.flotarium.com

> *Flotar como en el Mar Muerto*

Como bien se deduce de su nombre, a este lugar se viene a flotar. A flotar durante una hora en un tanque de agua salada y en total oscuridad. Dicen que la sensación es muy parecida a la que siente un bebé dentro del útero materno, y que ofrece todo tipo de beneficios físicos, como una reducción de la tensión muscular, mejora del ritmo cardíaco y respiratorio, y refuerzo del sistema inmunológico. Los más escépticos sencillamente se relajan y lo pasan bien en esta suerte de nave futurista que permite experimentar la ingravidez.

El flotarium es una cámara totalmente cerrada de 2,5 por 1,6 metros. Dentro hay 600 litros de agua y 300 kilos de sales que permiten una densidad igual a la del Mar Muerto. La cámara ha sido creada para aislar cualquier tipo de sonido del exterior. En cualquier caso, para quienes no se atrevan a disfrutar de la experiencia completa, también pueden ingresar a la cámara, no cerrar la puerta, dejar las luces encendidas y pedir un poco de música relajante.

QUÉ VER EN LOS ALREDEDORES

GUARDERÍA DE BONSÁIS TOKONOMA

3

Doctor Rizal, 18 • Metro Diagonal • Teléfono: 93 415 4040
• De martes a viernes, de 11 a 13.30 h • Lunes sólo por las tardes

Tokonoma es la única guardería de bonsáis en Barcelona. Sufre de exceso de trabajo durante el verano, que es la época donde los padres suelen abandonar a sus pequeños bonsáis. También es una escuela que imparte clases sobre los diferentes estilos y cuidados de estos árboles pequeñísimos.

LA PLACA DE LA PLAZA DEL GATO PÉREZ

4

Siracusa, 22 • Metro Fontana

Cuesta trabajo encontrar la placa en memoria del Gato Pérez (Buenos Aires, 1951 – Barcelona, 1990), quizás porque de todos los rincones de la plaza del Raspall el más insospechado para colgar una placa sea una chimenea de vapor.

La plaza no brilla por su encanto pero sí por su ambiente. Aquí se concentra la comunidad gitana de Gracia. Por ello no es difícil disfrutar de fiestas improvisadas muy parecidas a las que se montaron en los tiempos del Gato Pérez, el argentino creador de la rumba catalana. La vida de Pérez fue tan ecléctica que no es de extrañar que siendo extranjero haya remecido los cimientos de un género musical profundamente arraigado. Trabajó como mayordomo en la casa de un parlamentario inglés, estudió física, quiso estudiar aerodinámica, fue piloto de Rally, se interesó por todos los temas de la vida y llevó sus conocimientos de rock progresivo y jazz hasta el entonces impermeable mundo musical de los gitanos catalanes.

VITRALLS J. M. BONET

5

Asturias, 6
Metro Fontana
- De lunes a sábado, de 9 a 14 y de 16 a 20 h
- Pedir cita previa
- Teléfono: 93 218 2399
- www.vitrallsbonet.com

"La fábrica de vitrales de la Sagrada Familia

Entre los vitrales más excéntricos que la familia Bonet ha ensamblado desde que fundaron el taller, en 1923, destaca la réplica de un perro en vidrios multicolores, encargada por un jeque saudí para decorar su mezquita particular. Desde entonces, hace casi cincuenta años, son muchos los clientes que llegan a este taller del barrio de Gracia para encargar vitrales de todas las formas y colores.

La familia Bonet ha restaurado los vitrales de las catedrales de Ciudadela de Menorca, Gerona, La Seo d´Urgell y los monasterios de Poblet, Santa Creus y Vallbona de les Monges, y, entre las obras ajenas al mundo religioso, la Casa Batlló de Gaudí. También han colaborado con grandes arquitectos como Subirachs o Grau Garriga. Pero, sin duda, el trabajo que más repercusión ha obtenido es el de la Sagrada Familia.

Tres generaciones de los Bonet han trabajado, desde los años treinta, en la obra inacabada de Gaudí. Suyas son la vidriera de la cripta, una parte de la fachada de la Pasión y, recientemente, los vitrales para el transepto.

El proceso para la construcción y ensamblaje de un vitral es muy complejo. Primero tienen que importar los cristales de Alemania, Polonia o Francia. Luego, en el caso de los vitrales más especiales y mejor cotizados, pintarlos a mano, calcar el diseño sobre una cartulina y finalmente recortar los vidrios para empezar a montarlos. En este taller se dedican básicamente al montaje y restauración de vidrieras emplomadas.

El juego de luces característico de los vitrales depende los grosor de las piezas, materia en la que los Bonet son expertos. Parte del encanto de este lugar es que es uno de los pocos talleres de artesanos que han sobrevivido al paso del tiempo. La mayoría de ellos se encuentran en el barrio de Gracia.

QUÉ VER EN LOS ALREDEDORES

LOS MUSAICOS DE LIVIA GARRETA

6

Pere Serafi, 39 bajo
- Metro Fontana
- Teléfono: 93 218 3405

Una puerta azul enmarcada en una pared naranja da la bienvenida a un espacio fuera de lo común: el taller de Livia Garreta. El interior de este templo del color alegra la vista con sus tonos amarillos, verdes, azules, rojos y morados. En las estanterías se pueden ver los azulejos apilados. Son la materia prima de Livia, el material con el que crea esos vistosos mosaicos en forma de dragón, de pez, de flor o de espiral, y que decoran los pavimentos, frisos, columnas y fuentes de toda Barcelona.

EST ŒUVRE DU TEMPS
1816 ANTONI ROVIRA I TRIAS

ESCULTURA DE ANTONI ROVIRA I TRIAS

7

Plaza Rovira
Metro Joanic

> **Homenaje al Eixample que nunca llegó a construirse**

Ubicada en la plaza Rovira, una escultura de bronce le rinde tributo a Antoni Rovira i Trias (1816 – 1889), el arquitecto que en 1859 ganó el concurso de proyectos urbanísticos para expandir la ciudad. Rovira iba a ser el encargado de diseñar el distrito del Eixample. Pero pocos meses después de su elección, el gobierno central de Madrid impuso por Real Decreto el plan de Ildefons Cerdá. Rovira se quedó fuera del proyecto y se tuvo que contentar con pasar a la posteridad por diseñar la columnata corintia del Palau Moja, el campanario de Gracia y el mercado de San Antonio.

QUÉ VER EN LOS ALREDEDORES

LA TONALIDAD DE LOS MOSAICOS DE LA CASA RUBINAT

8

Or, 44 • Metro Fontana

Justo enfrente de la plaza de la Virreina se ubica la Casa Rubinat, un edificio modernista que data de 1909 y es obra del prolífico arquitecto Francesc Berenguer, creador de otras joyas arquitectónicas en el barrio de Gracia, como lo son el Centro Moral, en la calle Ros de Olano, o las casas ubicadas en el número 61, 77 y 196 de Gran de Gracia.
La decoración de la fachada y los balcones retorcidos de la Casa Rubinat cambian de color según el ángulo de donde se mire. Los tonos pasan del rojo al naranja, y del naranja al amarillo logrando el mismo efecto que una puesta de sol.

SUBIR A LA TORRE DEL RELOJ

9

La campana de Gracia • Plaza Rius i Taulet • Metro Fontana
Teléfono: 93 291 6615

Pocas personas conocen la verdadera historia de la torre del Reloj de Gracia y muchas menos saben que con una llamada telefónica y una carta de motivación que justifique la visita se puede ascender por las escalinatas que conducen a la campana y al mecanismo del reloj.
Diseñada por el arquitecto Rovira i Trias, esta torre de 33 metros de altura se construyó con el objetivo de colocar una campana en lo alto cuyo repique se dejara oír lo más lejos posible, sobre todo cerca de las iglesias y parroquias que no podían contar con una campana propia. Esta campana se hizo tristemente famosa en 1870, durante el levantamiento popular contra el servicio militar obligatorio conocido como la Revuelta de las Quintas. También inspiró uno de los semanarios satíricos más desafiantes de la época: *El Campanar de Gracia*. El reloj de cuatros esferas que corona la torre, y que permite ver la hora desde cualquier punto del barrio, fue construido por Albert Billeter, un suizo establecido en Gracia que se hizo muy famoso por su talento para la innovación en el arte de la relojería.

TALLER FORTE PIANO

10

Virtut, 13 A
Metro Fontana
• Teléfono: 93 237 0787
• De lunes a viernes, de 9 a 14 y de 15.30 a 19 h

> **"Visita a un afinador de pianos**

Jaume Barmona i Vives es el mejor afinador de pianos de Barcelona. A su discreto taller del barrio de Gracia, que pasa totalmente desapercibido, suelen llegar pianos de colección, pianos históricos, pianos de cola, pianos verticales: todo tipo de distinguidos instrumentos en busca del sonido perfecto. Desmontar un piano y revisar cada una de sus piezas es un trabajo de cirujano. La mayoría de veces los problemas se solucionan al cambiar los fieltros o ajustar cada una de las partes. Pero la verdadera labor de cirujano surge cuando llega uno muy antiguo y hace falta reemplazar piezas que fueron hechas con un tipo de madera que ya no existe.
El taller Forte Piano también ofrece asesoría sobre el tipo de piano más recomendable, los precios y las distintas marcas que existen en el mercado. Se puede visitar para solicitar información o sencillamente para conocer el lugar.

QUÉ VER EN LOS ALREDEDORES

EL TALLER DE ÓRGANOS A & K ORGUES DE VENT

11

Planeta, 12
Metro Fontana
• Teléfono: 93 237 6569

Para construir un órgano de viento hace falta ser carpintero, matemático, físico, músico, artista y artesano. En Barcelona, dos personas reúnen todos estos conocimientos: Antón, barcelonés, y Klaus, alemán. Ambos son propietarios del único taller de este tipo en Barcelona, y son los únicos capaces de invertir por lo menos 50.000 horas de trabajo en la construcción de un órgano.
El órgano fue creado en el año 250 a.C. por el ingeniero alejandrino Ktesisbios. Desde entonces la técnica ha variado considerablemente pero la paciencia y el tiempo invertidos siguen siendo igual de penitentes. La construcción de un órgano por encargo tarda por lo menos un año y cuesta entre 70.000 y 90.000 euros aproximadamente. Sus principales clientes son las iglesias, aunque también cuentan con una cartera de clientes particulares. Hace poco construyeron un órgano *di legno*, hecho íntegramente de madera. Es un tipo de órgano muy especial, un capricho para entendidos que roza los 100.000 euros. También se dedican a la restauración de órganos antiguos. El último trabajo de este tipo fue un verdadero calvario. Un órgano de 1791 que tuvieron que desarmar en su lugar de origen, trasladarlo al taller, volver a montarlo, restaurarlo, desmontarlo, trasladarlo y finalmente volverlo a montar en su destino final. Fue, según sus artífices, una reto muy satisfactorio.

CASA VICENCS

12

Carrer de Les Carolines, 22
Metro Fontana
La casa no acepta visitas.
Es una vivienda particular que sólo puede apreciarse a la distancia.

> *El primer trabajo de Gaudí*

La Casa Vicencs fue la primera obra remunerada y el primer trabajo serio antes de que Gaudí se graduase como arquitecto. Sin embargo, pasa casi desapercibida ante los ojos de los miles de turistas que llegan a Barcelona para ver las grandes obras del maestro de la arquitectura catalana.

La casa fue construida entre 1883 y 1888 por encargo de Manuel Vicencs i Montaner. A pesar de ser joven y todavía inexperto, Gaudí no se sintió intimidado con el encargo. Optó por los ángulos y los volúmenes, una tendencia contraria a sus posteriores, y ahora clásicas, formas onduladas. De hecho, Casa Vicencs es una prueba de que su característico estilo de formas curvas estaba todavía en fase de maceración. En sus últimos años de vida, y ya curtido de experiencia, Gaudí afirmó que la línea recta era la línea del hombre y la curva, la de Dios.

La casa Vicencs tiene cuatro niveles: un subterráneo utilizado como bodega, dos plantas de vivienda y unas buhardillas para el uso del servicio. Una de las características de la construcción es el colorido impreso en los mosaicos que adornan buena parte de la fachada y que tienen ciertas reminiscencias árabes. También la atípica verja de hierro forjado que dibuja hojas de palmito.

La casa se construyó adosada al inmueble vecino, el convento de las monjas de la Caridad de San Vicente de Paul. De esta manera Gaudí dejó un amplio espacio para el jardín, para el que diseñó una fuente monumental de ladrillo. Lamentablemente, la fuente fue demolida en 1946, cuando se vendió parte del terreno.

El interior de la casa es, según quienes la han visitado, abigarrado y barroco. En el friso de la tribuna Gaudí mandó a pintar frases escritas con su propia caligrafía. Frases del tipo: "Oh, l´ombra de l´istiu" (Oh, sombra del verano), "Sol, solet" (Sol, solete), "De la lla lo foch, visca'l foch de l'amor" (De la casa el fuego, viva el fuego del amor).

Recientemente la Unesco incluyó esta obra de Gaudí en la lista de Patrimonios de la Humanidad.

LAS CRUCES DEL TURÓ DE LAS MENAS

13

Parque Güell
Olot, 7
Metro Lesseps
Bus 24 desde Plaza Cataluña
• Teléfono: 93 484 5995
• Abierto todos los días de 10 a 19 h

Tres cruces místicas

En el Parque Güell, exactamente en el Turó de las Menas se ubican tres cruces que no guardan ninguna relación con las cruces del Calvario.
Una de ellas es en realidad una flecha que apunta arriba y abajo. La segunda está orientada en dirección norte-sur, y la tercera marca el este y el oeste. Lo realmente curioso de todo esto es que las llamadas cruces no son insignias cristianas sino taus.
El tau es un símbolo que aparece inscrito en los monumentos megalíticos de las Islas Baleares y tiene la forma de un pedestal sobre el que reposa una superficie pétrea en forma de cubo.
Otras cruces de similar relevancia arquitectónica en la obra de Gaudí se encuentran en Casa Milá, la Casa Batlló, Bellesguard y en los cuatro extremos del colegio Santa Teresa. Si bien es cierto que Gaudí fue un hombre muy religioso, también es verdad que el tau tiene un significado dentro de la francmasonería: es el signo de reconocimiento que realizan en la ceremonia de acceso al grado de Maestro.

EL GAUDÍ ESOTÉRICO

De Antoni Gaudí i Cornet se han dicho muchas cosas: que se afilió a la Orden Rosacruz, que fue un drogadicto, un blasfemo, un santo, que murió virgen, de todo. Pero la teoría más recurrente y desarrollada ha sido su relación con el universo masónico.

Según Ernesto Milá, autor de la *Guía de la Barcelona Mágica*, en la obra de Gaudí se hallan decenas de símbolos francmasones. Por ejemplo, se dice que el dragón forjado del Parque Güell fue construido con antimonio, el metal que empleaban los alquimistas, y que el pelícano de la Sagrada Familia es un tributo al grado 18 de la masonería.

Es cierto que algunos rasgos de la personalidad de Gaudí dieron, y siguen dando, mucho que hablar. Al inicio de su carrera, Gaudí tenía fama de prepotente, altanero y divo. Pero con el tiempo se convirtió en un asceta, muy religioso y seguidor de los preceptos del abate Kneipp, un sacerdote alemán precursor de la hidroterapia y de lo que hoy se conoce como medicina alternativa.

A Gaudí le gustaba mucho meditar y se entregó tanto al ayuno que su dieta habitual llegó a basarse en hojas de lechuga, escarola y aceite de oliva. Con el tiempo se desapegó de las cosas materiales, a pesar que prácticamente su obra estuvo sólo al servicio de familias ricas. Vestía siempre igual, de manera austera, y solía aconsejar a los jóvenes que llevaran siempre dos pares de calcetines. Catalanista extremo, Gaudí fue un hombre muy religioso, y devoto de San Antonio de Alejandría, que casi muere en el anonimato: fue arrollado por un tranvía en la esquina de la Gran Vía con la calle Bailén y luego ingresado en un hospital público. Como no llevaba consigo ningún documento que acreditara su identidad, los médicos y enfermeras tardaron en enterarse que el viejecillo herido de gravedad era en realidad el arquitecto más afamado de Barcelona.

Todo esto no tiene nada que ver con la masonería ni con el esoterismo, pero el misterio que generaba su conducta propició que se lo vinculara a las logias, tan presentes en la Barcelona de esa época.

También es verdad que frecuentó muchos círculos francmasones y que sus biógrafos han detectado inobjetables símbolos esotéricos en su obra. Como por ejemplo los planos de la Cooperativa Obrera de Mataró, que el polémico arquitecto trazó a escala 1:666, un número inevitablemente relacionado con el Anticristo y la Bestia del Apocalipsis. Ante la controversia, sus defensores siempre se han basado en la estrecha relación que mantuvo con la iglesia para desmentir su nexo con las logias.

GAUDÍ Y LAS PLANTAS

En la Sagrada Familia se pueden ver las representaciones de hasta treinta especies de plantas. Algunas de ellas pretenden imitar la imaginería bíblica, como la palmera, que alude a las palmas que fueron extendidas sobre los pies de Jesús el Domingo de Ramos. También está el cedro repleto de palomas blancas sobre la fachada del Nacimiento, que representa al Árbol de la Vida.

A lo largo de su vida, Gaudí mostró un particular interés por fotografiar cipreses, que luego le sirvieron de inspiración para las columnas de la Sagrada Familia. También le gustaban mucho las setas.

Hay una con forma de torrecilla en el Parque Güell, y en la Casa Calvet los balcones descansan sobre hongos de piedra. En sus construcciones se encuentran referencias a la inclinación natural de los árboles, a su textura y superficie. A Gaudí le gustaba analizar la estructura de las plantas, utilizarlas como elementos decorativos, pero sobre todo simbólicos, y recurrir constantemente a la naturaleza en cada una de sus creaciones.

70
61 63 64 65 66
51 52 53 54 55 56
41 42 43 44 45 46 47
31 32 33 34 35 36
21 22 23 24 25 26 27
11 12 13 14 15 16 17
1 2 3 4 5 6 7
CADE
118

UNA VERDADERA JOYA DEL DISEÑO

14

Vía Augusta, 128
Metro Lesseps

> “La Naranja Mecánica en Barcelona

En el número 128 de la Vía Augusta se puede visitar el espectacular vestíbulo de un edificio de oficinas y viviendas, una creación de los años sesenta firmada por Antoni de Moragas. El espacio, que mezcla el cemento con la madera y los azulejos, bien podría ser el plató de una película como *La Naranja Mecánica*, o uno de eso *lounge-retro* tan de moda en estos días.

Antoni de Moragas (1913-1985) arquitecto y diseñador industrial, es considerado un gran innovador. Fue uno de los líderes de la arquitectura catalana de la posguerra. También ejerció de decano del Colegio de Arquitectos de Cataluña y Baleares. Su trabajo se centró en la mejora urbanística de la ciudad, suyos son muchos bloques de viviendas, viviendas particulares, la casa de vecinos de la calle Gomis y la reforma del cine Fémina.

QUÉ VER EN LOS ALREDEDORES

UN PEDAZO DE LONDRES EN BARCELONA : VILLA MAYFAIR

15

Vía Augusta, 240

El espíritu londinense en una de las arterias más importantes de la ciudad: la Villa Mayfair es una casa al más puro estilo inglés ubicada entre chalets de estilos más convencionales. Su construcción responde al capricho del dueño, un inglés que quiso importar su propio gusto arquitectónico.

VILLA URANIA - CASA DE LOS ASTEROIDES

16

Saragossa, 29
Metro Lesseps

Ahora funciona como un parvulario pero hace 70 años la Casa de los Asteroides fue la vivienda particular del astrónomo barcelonés más ilustre: Josep Comas y Solá. Si uno mira con detenimiento puede ver una torre aislada en el centro del jardín. Se trata del mirador que el astrónomo mandó a construir durante los años veinte. Desde allí, Comas y Solá descubrió once asteroides (a uno de ellos lo llamó Barcelona), estudió los cometas, los eclipses de sol y los planetas Júpiter y Saturno.
El edificio, que colinda con una casa *okupa*, es una construcción sencilla pero muy representativa de la época, con detalles ornamentales de estilo neoclásico.

BARRAQUER

CLÍNICA BARRAQUER

17

Muntaner, 314
Metro Muntaner
• Teléfono: 93 209 5311
• www.co-barraquer.es

Sólo para los ojos

No existe una clínica que reúna elementos de diseño tan fascinantes como los del Centro de Oftalmología Barraquer, sencillamente porque no ha vuelto a existir en España un oftalmólogo que además sea un arquitecto aficionado, un amante de los artilugios de diseño y un inventor por naturaleza.

Ignacio Barraquer inauguró su obra maestra en 1941: un edificio art decó de estructura metálica y formas redondeadas. A la entrada, el ojo Udjat, el de la mitología egipcia contra "el mal de ojo", da la bienvenida a los pacientes y visitantes, que si se cansan de esperar a que los atiendan pueden inclinar la cabeza hacia arriba y ver la hora en un insospechado reloj de techo.

La sala de espera tiene forma circular y está llena de simbolismos. Signos del zodíaco en las paredes, esculturas de estilo renacentista (algunas de figuras humanas decapitadas), juegos de espejos que repiten la imagen hasta el infinito, confortables sofás de cuero, cerraduras y puertas hechas a medida, entre otros detalles inquietantes y originales que también se pueden ver en la curiosa página web de la clínica.

En la clínica Barraquer todo entra por los ojos. Lo paradójico es que muchas de las personas que transitan por estos pasillos son invidentes. Es una clínica para la investigación, prevención, diagnóstico, tratamiento y control de enfermedades oculares. Ahora, si bien es cierto que buena parte de sus visitantes no puede ver los detalles del diseño, sí puede disfrutar de su funcionalidad. Al construir la clínica, el profesor Barraquer optó por la formas redondeadas para las paredes y la ausencia de ángulos rectos para la comodidad de sus pacientes. También eligió una iluminación muy tenue que no hiera los ojos de quienes después de una intervención quirúrgica recuperan la vista o ven por primera vez.

QUÉ VER EN LOS ALREDEDORES

UN GRANADA EN LA CALLE GRANADA DEL PENEDÈS, 12

18

En el número 12 de la calle Granada del Penedès se puede ver una bola de hierro decorada con una estrella del mismo material fija a la fachada. ¿Se trata de una granada, una bomba o una simple bola metálica? La versión más difundida sostiene que es una granada, probablemente perteneciente a las primeras luchas de los socialistas utópicos y los anarquistas, a mediados del siglo XIX. Esta misma calle antes se llamaba calle de la Granada, a secas, pero tuvieron que añadirle el topónimo Penedès para que no se confundiera con la calle Granada de Poblenou. La granada, que está sujeta a la pared por un soporte de hierro de un metro de longitud, es un símbolo del barrio.

LA TORRE BELLESGUARD

19

Carrer de Bellesguard, 16-20
Bus 123
Bellesguard es una vivienda particular y no acepta visitas pero se puede entrar a ver el exterior.

"El cambio de siglo según Gaudí

Construida entre 1900 y 1905, la torre Bellesguard, también conocida como la Casa Figueras, se erige al pie de la sierra de Collserola, en el mismo lugar donde antiguamente existió el castillo de Martín El Humano, último rey de la dinastía catalana. Este castillo fue la residencia de verano del rey en 1410. 500 años después sirvió de inspiración para Gaudí, quien se empeñó en conservar algunos detalles de la vivienda original, además del nombre: Bellesguard (que significa, bella vista).

El edificio de piedra y ladrillo fue un encargo de María Sagués, viuda de Jaume Figueras. De ahí que también se le conozca como la Casa Figueras.

Esta gran obra de tiene cierto aire de fantasía, de castillo de juguete. De lejos parece una maqueta o el juguete de un niño olvidado en el jardín. No se encuentran reminiscencias árabes como en otras obras de Gaudí, sino góticas y medievales. La torre de supuesta defensa es un homenaje a un tiempo lejano e histórico que lleva en la punta la típica cruz de cuatro brazos del célebre arquitecto.

Bellesguard está revestido con piedra pizarrosa en colores grises y verdes, y cuenta con un gran número de ventanas y ventanales. Consta de semi-sótano, planta baja, piso y desván. El exterior contrasta drásticamente con el interior del edificio, lleno de luz, arcos sutiles y formas suaves de inspiración modernista. El edificio también cuenta con un depósito de agua subterráneo de 506 m2 con una capacidad de almacenaje de 2.000 m3.

Al igual que el templo de la Sagrada Familia, la torre de Bellesguard tampoco fue acabada por Gaudí. Doménech Sugrañes fue el encargado de finalizar el proyecto, que se prolongó hasta 1917.

MUSEO DE AUTÓMATAS

20

Plaza del Tibidabo, 3-4
Bus Tibidabo en Plaza Cataluña
Teléfono: 93 211 7942
Fines de semana
Entrada: de 0 a 24 €

Un museo olvidado

Una estación de esquí que se activa al pulsar un botón, un guitarrista de 1880, un payaso mandolinista de 1885 y una montaña rusa en miniatura son algunas de las atracciones más curiosas del museo de Autómatas.
Todas son piezas de colección y están en perfecto estado. La mayoría son verdaderas reliquias, como los equilibristas, la guillotina francesa (en la que se puede ver el momento exacto de la decapitación), o el taller mecánico, todos de finales del siglo XIX.
Para visitar el museo hace falta pagar la entrada al parque de atracciones, pero no se trata de un parque al uso. La mayoría de las atracciones son de los años setenta y tienen un estilo muy distinto al de los parques de ocio actuales.
El parque se encuentra en la cumbre del Tibidabo, de 512 metros de altura, el pico más alto de la Sierra de Collserola. Su extraño nombre proviene de las palabras latinas *tibi dabo* (te daré). Supuestamente el diablo le dijo estas palabras a Jesús al mostrarle el mundo en su vanidad más esplendorosa. Desde aquí las vistas son espectaculares, sobre todo cuando el viento sopla y no se atasca sobre Barcelona esa gran nube gris y marrón de contaminación.

Otro punto interesante dentro del Parque de Atracciones Tibidabo es el Marionetarium, que presenta un espectáculo de marionetas antiguas bastante fuera de lo común.

QUÉ VER EN LOS ALREDEDORES

SUBIR AL MIRADOR FOSTER

21

Carretera de Vallvidrera al Tibidabo s/n

Todo el mundo conoce la Torre Collserola, diseñada por Norman Foster, pues fue un emblema de los Juegos Olímpicos de 1992. Pero lo que pocos saben es que se puede subir hasta lo más alto y disfrutar de unas fantásticas vistas de la ciudad, siempre y cuando el clima lo permita. La torre tiene una altura de 288 metros pero se ubica sobre una cota natural de 445 metros sobre el nivel del mar, así que desde aquí las vistas son realmente impresionantes. Al mirador se accede a través de una ascensor panorámico capaz de recorrer los 135 metros en 2, 5 minutos. Se pueden concertar visitas técnicas comentadas. Reservas e información: 93 211 7942.

Can Masdeus
Carrer de Saldes
HORTA
Parque del Turó de la Peira
EL GUINARDÓ
Parque del Guinardó
SANT MARTÍ
Sagrada Família
EIXAMPLE
Parque de Clot
VILLA OLÍMPICA
Parlament de Catalunya
Parque Carlos
Cementerio del Poble Nou
Parque del Poble Nou
Parque de Diagonal Mar
Playa del Bogatell
Playa de la Mar Bella
Playa de la Nova Mar Bella
Mundat
Valldaura
Canyelles
Trinitat Nova
Via Júlia
Llucmajor
Horta
Vilapicina
Virrei Amat
Torras i Bages
Fabra i Puig
Sant Andreu
Maragall
Congrès
Alfons X
Guinardó
Camp de l'Arpa
Navas
Clot
Sagrada Família
Encants
Sant Martí
La Pau
Bac de Roda
Besòs
Monumental
Glòries
Besòs Mar
Marina
Bogatell
Llacuna
Poble Nou
Selva de Mar
El Maresme Fòrum
Ciutadella Villa Olímpica
0
500
1 000 m

ESTE

CUADRO TEMÁTICO

EL GARITO DEL GENERAL

1

Carrer Crehuet esquina con carrer Porto
Metro Horta

Una torre de vigilancia

El distrito de Horta-Guinardó es la zona de Barcelona menos frecuentada por los turistas y viajeros. Sin embargo, cuenta con muchos atractivos que esconden anécdotas sobre el estilo de vida de los barceloneses del siglo XIX, como es el caso del general Crehuet, un militar solterón que vivió durante muchos años en una mansión de la calle Porto.

Dentro de la mansión existía una pequeña torre de vigilancia, un garito con agujeros desde donde el vigilante divisaba, y cuidaba, los campos de Crehuet. El garito permanece intacto hasta hoy, y hace esquina con la calle más estrecha de Barcelona.

ALGUNOS RÉCORDS DE BARCELONA

La calle más estrecha

Carrer Crehuet esquina con carrer Porto. En total la calle mide unos 200 metros de largo, pero la parte más estrecha no alcanza los tres metros de extensión.

La puerta más pequeña

Se encuentra en Comerç, 10 (La Ribera). Muy cerca de allí se puede visitar la calle Petons, que a pesar de llevar un nombre muy romántico (significa besos es español) se llama así porque por esta calle, durante la Edad Media, los condenados a muerte se despedían y recibían los últimos besos de sus familiares.

La casa más antigua

Calle San Doménech del Call, 6 (barrio gótico). Fue habitada por primera vez en el siglo XII. Las paredes inclinadas son consecuencia del terremoto de 1428.

¿DE DÓNDE PROVIENE ELS QUINZE?

En el barrio de Horta existen muchos establecimientos que llevan por nombre Els Quinze (los quince, en español), desde una pollería hasta un supermercado o un puesto de lotería. Así también se conoce a una parte del barrio de Guinardó, específicamente a la zona comprendida entre los cruces del paseo de Maragall y la avenida de Borbón.

El nombre proviene de una tarifa, 15 céntimos, que era el precio del trayecto comprendido entre la plaza Urquinaona y la plaza de Ibiza. Desde que se pusieron en funcionamiento hasta mitad de los años sesenta, los tranvías tenían tarifas diferentes según el largo del recorrido. El tranvía 46 cobraba 15 céntimos o 25 céntimos, según qué tan lejos iba el pasajero. Por ello, los cobradores se encargaban de tocar una campana y gritar: "Els quinze". De esta manera alertaban a los pasajeros que pretendían pasarse de listos y llegar gratis hasta el final del recorrido. El tranvía 46 se inauguró en 1901 y dejó de funcionar el 20 de diciembre de 1965. Por ese entonces el propietario de un bar ubicado en la avenida Mare de Dé de Montserrat le puso de nombre Els Quinze a su local. El resto es historia.

LAS LAVANDERAS DE HORTA

2

Aiguafreda, 10 a 30
Metro Horta

> *Una antigua industria del lavado*

Al caminar por Aiguafreda, una de las calles más emblemáticas del barrio de Horta-Guinardó, pocos podrían imaginar que hace 100 años las actuales jardineras formaron parte de la lavandería más importante de Barcelona.

Varios metros por debajo del suelo fluyen las aguas que provienen de las montañas y de los ríos. El agua es tan clara y limpia que hasta puede beberse directamente de los pozos que adornan las casas de la calle Aiguafreda. Aquí, desde hace tres siglos y hasta antes de la Guerra Civil, las lavanderas realizaban su labor con una técnica que consistía en lavar primero la ropa con agua muy fría y luego con agua caliente. Este contraste, sumado a la pureza del agua y al buen trabajo de las lavanderas, hacía que las prendas lucieran más perfumadas y limpias que en un anuncio de televisión.

Una de las paradojas de la ciudad de Barcelona entre los siglos XVII y XIX es que el agua no era proporcional a la necesidad de sus habitantes. Los acaudalados señores de Barcelona no tenían agua en sus casas para lavar la ropa ni suficiente espacio para colgarla. Además, el agua de la entonces ciudad amurallada contenía mucha cal, elemento que deterioraba sus atuendos diseñados por grandes modistos de la época, muchos de ellos importados de París. Esta deficiencia contribuyó a que en Horta se desarrollara toda una industria del lavado a mano que dio empleo a mucha gente. Para empezar, a los recaderos, que eran los encargados de recoger todos los lunes los sacos de ropa de un punto ubicado entre Vía Laeitana y la calle Consell de Cent. Estos mismos sacos eran devueltos los viernes para que la burguesía de la época pudiera lucir sus mejores y más limpios trajes durante el fin de semana.

QUÉ VER EN LOS ALREDEDORES

EL ÚNICO CEMENTERIO PARROQUIAL DE BARCELONA

3

calle Saldes, 3

Al lado de la iglesia de la calle Nazareth se ubica un pequeño cementerio. Es el único camposanto no municipal en funcionamiento en Barcelona. Cuenta con 1.100 nichos y mantiene un aire de cementerio de pueblo. Las tumbas pertenecen a las familias de la zona, y entre ellas destaca la de Manuel Carrasco y Formiguera, dirigente de la Unión Democrática de Cataluña, fusilado durante la Guerra Civil.

KAGYU SAMYE DZONG

4

Rambla de la Muntanya, 97
Metro Guinardó
• Teléfono: 93 436 2626
• Martes, miércoles y jueves de 18.30 a 21 h

"El primer centro budista de España

El primer centro budista de España fue fundado en 1977 por Su Santidad el XVI Karmapa. Desde entonces ha preservado y difundido las enseñanzas de Buda, y se ha dedicado a promover el bienestar físico, mental y espiritual de sus seguidores.

El centro pertenece a la escuela tibetana Karma Kagyu y su nombre oficial es Karma Lodrö Gyamtso Ling, que significa "lugar de actividad iluminada donde existe un océano de inteligencia". El recinto es espacioso y cuenta con distintos ambientes para las prácticas, y una pequeña tienda donde se pueden adquirir libros, inciensos, figuras, ropa y diferentes elementos relacionados con la meditación y el budismo.

Uno de los privilegios del centro es que recibe la visita esporádica de lamas tibetanos, que vienen a impartir seminarios de filosofía y meditación budista. Además, ofrecen distintos cursos, como por ejemplo el de la historia del budismo en la India, o reflexiones en torno a los siete puntos de la práctica mental. Entre otras actividades, proyectan películas, imparten clases de yoga, cursos sobre diversas terapias, y planifican retiros espirituales a alguna de las tres sedes que tienen en una zona montañosa de Barcelona. En estas masías, alejadas de la ciudad, se realizan distintos tipos de retiros espirituales, tanto para los recién iniciados como para seguidores más avanzados. Para los aspirantes a lamas los retiros duran por lo menos tres años.

También existen opciones de fines de semana, como el retiro Ñung-Ne, que cultiva la compasión; el retiro sobre los Cinco Elementos, donde se aprende a reconocer el juego de energías en el cuerpo y la mente; o el retiro de Meditación Shiné, centrado en la calma interior.

KARMA KAGYU

El linaje Karma Kagyu es una de las cuatro escuelas principales del budismo tibetano. Las otras tres son: Nyingma, Sakya y Gelug. Los orígenes de la escuela Kagyu están en las enseñanzas de los místicos indios Tilopa y Naropa, que fueron introducidas en el Tibet por el traductor Marpa. A este linaje también se vinculan otros grandes meditadores como Milarepa, Gampopa y Rechungpa. La metodología de Kagyu se basa en la doctrina Mahamudra, que significa "El Gran Sello", y por supuesto en la meditación. Actualmente cuenta con cientos de centros en todo el mundo.

TURÓ DE LA ROVIRA

5

Parc dels Tres Turons
Buses 24, 28, 86, 119

Los restos de la batería antiaérea de Horta

La batería antiaérea de Horta es el mejor balcón de Barcelona gracias a sus fantásticas vistas de 360 grados. Paradójicamente, en este maravilloso escenario se vivieron los peores momentos de la Guerra Civil.
Aquí, las tropas republicanas se defendieron a muerte en una resistencia heroica que Winston Churchill citó como ejemplo, en 1940, justo antes del Blitz: "Confío en que nuestros ciudadanos serán capaces de resistir tal y como lo hizo el valiente pueblo de Barcelona".
Los ataques aéreos de la aviación italiana y alemana, que apoyaban al ejército franquista en su estrategia de bombardear sistemáticamente a la población civil, destrozaron la ciudad. En total se dieron 385 alarmas de ataque, 1.903 impactos y un millón y medio de kilos de bombas que causaron la muerte de más de 2.700 personas.
Además del Turó de la Rovira, la ciudad tuvo otros puntos de defensa aérea, como el Turó del Carmel, Sant Pere Mártir, el Tibidabo, Montjuic, Barceloneta y Poblenou. El armamento consistía en algunos cañones y ametralladoras antiaéreas, y una pequeña flota de aviones, siempre insuficiente para frenar la gran ofensiva. Los cañones que posiblemente se utilizaron eran de origen inglés. Se llamaban Vickers 105 y fueron construidos en 1923.
Los dos tipos de aviones que por lo menos lograron amedrentar al enemigo han pasado a la historia de la Guerra Civil. Se trata del Polikarpov I-16, conocido como el Mosca, y el Polikarpov I-15, también llamado Chato. De procedencia rusa, tanto Chato como Mosca se caracterizaron por ser muy acrobáticos y versátiles a pesar de no contar con un armamento lo suficientemente potente.
De momento los restos de la batería antiaérea del Turó de la Rovira y el refugio que la población utilizaba para protegerse de las bombas están bastante deterioradas por el paso del tiempo y porque a principios del siglo XX el lugar se convirtió en una zona de barracas y chabolas. Sin embargo, el Ayuntamiento ha puesto en marcha un proyecto que pretende rescatar del olvido este estratégico lugar de gran importancia histórica.

TAXI

TAXI ANARQUISTA

6

Teléfono: 620 20 91 20
• No atiende los viernes

> *Se admiten viajeros desnudos*

Existe un taxista único en Barcelona que acepta nudistas a bordo. Se llama Mariano y su filosofía de trabajo consiste en aplicar las ideas libertarias al servicio de taxi. Por eso se llama a sí mismo "el taxista anarquista". En sus propias palabras, se trata de mantener "la fraternidad, la solidaridad, la autogestión y la acción directa, además de la amabilidad, el trato familiar y la simpatía".

Entre las ventajas de subir desnudo a su taxi está la sensación de libertad e independencia. No suele recibir a muchos pasajeros desnudos, aunque en verano hay quien se anima. El asunto es que muchos taxistas no quieren recibir pasajeros que vayan ligeros de ropa, por ejemplo hombres sin camiseta o mujeres en bikini. Mariano no. Mariano acepta a cualquier pasajero sin importar cómo vaya vestido o incluso si no va vestido. Forma parte de su filosofía libertaria.

Dentro del taxi los pasajeros, vestidos o desnudos si así lo desean, pueden disfrutar de un servicio de lectura (sobre todo revistas y tebeos). También tienen el derecho de solicitar el tipo de música que prefieran. A Mariano le gusta el heavy metal pero no necesariamente somete a sus pasajeros a la estridencia de esta música. Entre las opciones menos polémicas están el pop, la salsa, el flamenco o el rock.

Además, el taxi de Mariano cuenta con todo tipo de juguetes para mantener entretenidos a los viajeros más pequeños durante el paseo. Otro punto a su favor es que acepta mascotas. El taxista anarquista no es de los que desvían la mirada cuando ven a un posible cliente con un gato o un canario. Le encantan los animales, sobre todo los perros, y no tiene ningún reparo en transportarlos. Y si tiene tiempo y un estado de ánimo adecuado también puede ejercer de guía turístico: conoce la ciudad mejor que nadie y se sabe al dedillo la obra de Gaudí.

Otra de las ventajas es el precio. No cobra la recogida. Sus principios le impiden encender el taxímetro hasta que el pasajero no está cómodamente sentado en su Mercedes Benz de 2001. También ofrece un servicio llamado "Top Manta", que consiste en preguntarle a los pasajeros si tienen alguna manta que donar. Lleva varias en el maletero y durante el invierno las reparte entre las personas sin hogar. Por si fuera poco, a veces no cobra. Sobre todo cuando se lo piden algunas organizaciones no gubernamentales, o siempre y cuando exista un motivo solidario.

CAN MASDEU

7

Camí Sant Llazer s/n, Sierra de Collserola
Para concertar visitas: visitescmd@moviments.net
www.canmasdeu.net

Vida hippy

Esta antigua leprosería ubicada en las afueras de Barcelona estuvo abandonada durante 50 años hasta que fue ocupada, en 2001, por un grupo de jóvenes dispuestos a experimentar una vida en comunidad. Desde entonces viven un promedio de 25 personas que se oponen a la guerra, realizan campañas anti-transgénicos, defienden las casas ocupadas, luchan contra la especulación, se declaran anti G-8 y defienden la naturaleza y la vida comunitaria por sobre todas las cosas.

La dinámica es muy democrática pues cada uno de los habitantes cumple un rol o realiza una labor específica, siempre considerando la opinión de la comunidad. Llevan a la práctica muchos proyectos relacionados a la agricultura, como un proyecto de autogestión popular que ha llegado a congregar a más de 100 personas en torno a una zona de cultivo. El objetivo es crear vínculos comunitarios efectivos, además de producir alimentos saludables a partir de cultivos tradicionales y ecológicos.

También ofrecen cursos, debates, talleres, encuentros y diversas actividades como la venta de productos producidos en el centro y visitas guiadas. Aunque la casa está abierta al público todos los días, la mayoría de las actividades se realizan los domingos. Uno de los cursos con mayor acogida es el de educación agro ecológica, dirigido a niños y jóvenes interesados en interactuar con los ciclos de la materia, la energía y el agua.

Dejarse contagiar por el espíritu de Can Masdeu es creer que otro mundo es posible. Por ello también se esfuerzan en no contaminar: comen lo que cultivan, se movilizan en bicicleta, utilizan energía solar, reciclan la basura hasta en ocho tipos diferentes de residuos y emplean el agua de los manantiales.

En Can Masdeu han logrado vivir en armonía con el medio ambiente, e incluso se han dado tiempo para inventar artefactos como la bici-lavadora. Ahora muestran al público sus logros con la intención de compartir su estilo de vida, transmitir sus conocimientos y generar proyectos similares.

Lamentablemente, como casi todas las ideas románticas, Can Masdeu lucha por sobrevivir y evitar el desalojo.

LOS SUBMARINOS DE BARCELONA

Narcís Monturiol (1819-1885) fue un inventor de submarinos que no consiguió el éxito en vida pero pasó a la posteridad por su tenacidad y visión de futuro. Después de ver los problemas que sufrían los recolectores de coral, Monturiol se embarcó en la ambiciosa empresa de crear un submarino. El primer submarino que construyó se llamó *Ictíneo I* (basándose en las palabras griegas que significan pez y barco) y fue propulsado por dos tripulantes. Pero no consiguió acumular la energía necesaria para domar las corrientes marinas. Sin embargo, funcionó. Narcís Monturiol se convirtió en un héroe para los catalanes.

Luego construyó el *Ictíneo II*, mucho más grande y preparado para una inmersión de hasta treinta metros. Pero al final fracasó porque intentó incorporar una caldera de vapor que calentaba hasta la asfixia el interior de la nave. Después de muchas decepciones, el Ictíneo II fue vendido como chatarra y Narcís Monturiol, socialista y amigo de los revolucionarios, pasó a ser un incomprendido sin ninguna posibilidad de conseguir financiación para nuevos proyectos sumergibles. Para intentar olvidar el fracaso se enfrascó en la invención de una máquina de liar cigarrillos y un obús de montaña, pero nada le devolvió el entusiasmo. Murió en el olvido, sin ni siquiera saber que Julio Verne leyó todos sus informes antes de escribir *Veinte mil leguas de viaje submarino.*

¿Se inspiró Verne en Monturiol al momento de crear al capitán Nemo? A primera vista pareciera que no. Nemo era rico y Monturiol pobre, pero hurgando un poco en la personalidad de ambos sí se pueden encontrar algunas similitudes.

Por todos estos motivos, la Ciudad Condal no ha querido olvidar al inventor del submarino y ha sembrado varias piezas en distintos puntos para recordarlo. La primera es una réplica del Ictíneo realizada a escala real con motivo de la película *Monturiol, señor del mar*, que se encuentra en el Moll de Barcelona. Otra réplica más pequeña, también empleada en la película, se encuentra delante del Museo Marítimo de Barcelona (Avenida Drassanes, s/n). En la intersección de la calle Provença con la avenida Diagonal se puede ver un monumento firmado por Josep María Subirachs, otra réplica del *Ictíneo*, que desde 1963 le rinde tributo a Narcís Monturiol.

Al igual que Dalí, Monturiol nació en Figueras. Por ello, la escultura de la calle Provença se le encargó primero a Dalí. Pero las exigencias del artista no pudieron concretarse, primero porque pedía mucho dinero y segundo porque pretendía que la instalación del submarino se efectuara desde un helicóptero. Finalmente se encargó el monumento a Josep María Subirachs. Dalí colaboró trayendo piedras del golfo de Rosas, ubicado en el cabo de Creus.

MÁS SUBMARINOS...

En la playa de la Mar Bella hay un restaurante con forma de sumergible. Fue construido sobre el espigón de Bac de Roda. Otro submarino playero se ubica en la playa del Bogatell, en Poblenou. Se trata de los restos de un submarino verdadero. De todos los submarinos urbanos de Barcelona éste es sin duda el más inquietante. En los Jardines de Hiroshima también hay una escultura con forma de submarino (Camèlies, 80).

SÓCRATES, 2

Metro Sant Andreu

8

Una bomba en la pared

En el pintoresco barrio de Sant Andreu, que hasta hace menos de cien años era un pueblo independiente y alejado de Barcelona, se puede ver una bomba incrustada en lo alto de una pared. La bomba data de 1842, año en que el general Prim tomó las armas para demandar un gobierno más liberal y protestar contra la implantación de las quintas regulares.

El de la calle Sócrates fue uno de los muchos explosivos que cayeron sobre Barcelona el 22 de septiembre de 1842. El bombardeo fue ordenado por el coronel Joaquín Baldomero Fernández-Espartero y el operativo se llevó a cabo desde Montjuic, aunque resulta poco probable que un proyectil lanzado desde Montjuic haya alcanzado Sant Andreu. El ataque remeció los cimientos del edificio, que años más tarde fue reconstruido en su totalidad con un estilo que evoca al modernismo. Durante la remodelación, los albañiles rescataron la bomba y la incrustaron en la esquina de la nueva casa.

QUÉ VER EN LOS ALREDEDORES

LA PINTORESCA CALLE GRAU

9

Entre las calles Agustí Milá y Gran de Sant Andreu se ubica esta callecita pintoresca perteneciente a otro tiempo, con casas bajas y jardines. En el número 41 hay un curioso conjunto de cerámicas policromadas. En ellas se han retratado algunos lugares de Sant Andreu y Barcelona en un estilo muy *naive*.

SOCIEDAD PAJARIL BAR LA PRIMITIVA

10

Meridiana, 157
Metro Clot
• Teléfono: 93 347 5520
• De martes a domingo, de 9.30 a 23.30 h

> *Cervezas y pájaros*

El bar y sociedad pajaril La Primitiva abrió sus puertas hace más de cien años y pocas cosas han cambiado desde entonces. Uno puede deducir la antigüedad del local con sólo echar un vistazo a las descoloridas paredes, los almanaques de hace varias décadas y el mobiliario que apenas se mantiene en pie.

Don Antonio, su fundador, fue un amante de los jilgueros y los canarios, y tuvo la gran idea de formar una sociedad pajaril donde pudieran venir pájaros y socios a compartir una buena charla (los socios) y algunas clases de canto (los pájaros). Con los años, La Primitiva se ha convertido en un punto de encuentro para los miembros de este selecto club de amigos de los pájaros, que suelen venir al bar a tomar el aperitivo, el café o unas cañas mientras juegan al dominó, el mus o las cartas. El promedio de edad es de 60 años. No por ello deja de ser un sitio lo suficientemente animado como para pasar una tarde diferente.

Todos los sábados se celebran concursos de canto en el patio trasero del local. Para convertirse en socio activo sólo hace falta pagar 12 euros anuales y tener un canario.

Uno de los grandes beneficios que la sociedad ofrece a sus socios es que los pájaros pueden dormir en el bar. De esta manera los animalitos no están solos y aprenden a cantar con sus amigos.

El bar está abierto para todo tipo de público, aunque la primera impresión es que se trata de un lugar exclusivo para hombres.

UNIÓN DE CANARICULTORES DE BARCELONA 11

Avenida Meridiana, 91
Metro Clot
• Teléfono: 93 232 4204
• Lunes, miércoles, viernes y sábados, de 18 a 21 h

Un karaoke para canarios

Creada hace 75 años, la Unión de Canaricultores de Barcelona organiza anualmente un concurso de canto para 1.200 canarios.

El día del concurso, los canarios tienen que estar aislados y su jaula debidamente cubierta con una tela negra. Sólo a oscuras los pájaros encuentran el ambiente propicio para trinar sus melodías.

Esta sociedad de amigos de los canarios también es un buen lugar para conseguir información sobre cómo perfeccionar su canto. Para entender mejor este proceso es necesario decir que un canario canta por imitación. Así, si el ave oye un CD con las trinos más afinados es bastante probable que perfeccione su tono. Del mismo modo, si un canario que no canta tan bien se ubica en una jaula paralela a la de un canario cantante, el aprendiz no tardará en perfeccionar el trino.

El concurso anual de canarios está dividido en tres categorías: el de canto, el de color y el de postura. El de canto se subdivide en tres estilos: el Timbrado Español, el Roller y el Malinois.

En cuanto al concurso de color y de postura, lo más impresionante es poder percibir, en vivo y en directo, los límites de las alteraciones genéticas. Hay canarios que son verdaderos mutantes por el pelaje y las crestas tan estrafalarias que han desarrollado. Lo mismo ocurre con los canarios que compiten por el primer premio en la categoría de color. La variedad de tonalidades supera a la del Pantone.

QUÉ VER EN LOS ALREDEDORES

MONUMENTO AL METRO

12

Arco del Meridiano
Plaza de las Glorias Catalanas
Metro Glorias y Monumental

La plaza de las Glorias Catalanas fue el lugar elegido para instalar un monumento que conmemorara el segundo centenario de la medición del cuadrante del meridiano terrestre, que sirvió para determinar la medida del metro. La inauguración se realizó cuando todavía no estaban terminados ni el monumento ni la plaza. Pero corría prisa. Era el año 1992 y los Juegos Olímpicos de Barcelona estaban a punto de empezar.

A este monumento de hierro, de cuarenta metros de largo, se le conoce como el Arco del Meridiano y es obra de François Scali y Alain Domingo. Tiene la forma del perfil orográfico, a escala, de la distancia que media entre Dunkerque y Barcelona. Los cuarenta metros de largo también tienen una razón de ser: guardan relación con el dividendo (cuarenta millones) que se empleó para dividir la longitud del meridiano terrestre y así establecer la longitud del metro.

Además de ser un tributo al metro como sistema de medida, es un monumento que recuerda la aventura de todos los científicos involucrados en la ardua tarea de medir un pedazo del mundo con instrumentos arcaicos. En especial, la labor de los franceses Jean-Baptiste Delambre y Pierre-François Méchain. En uno de los laterales del monumento puede leerse una inscripción que recuerda su trabajo. (Para más información sobre el tema, ver página 126).

LA DEFINICIÓN DEL METRO DESDE 1791

Hoy es difícil imaginarlo, pero hasta hace poco más de 200 años la palabra metro no existía. No había una medida estándar para calcular las distancias; se utilizaban sólo los manos, los pies o sistemas de medición autóctonos. En 1790 la Asamblea Nacional Francesa propuso un patrón de medición universal que se basara en la naturaleza para poder ser aceptada en todas las naciones. La medida elegida fue la diezmillonésima parte del cuadrante de un meridiano terrestre, y la palabra para nombrarla: "metro" (del griego metron, que significa medida). Al ver que resultaría imposible medir un cuarto de meridiano, la solución fue medir un trozo y calcular matemáticamente el valor del total. El arco de meridiano elegido fue el comprendido entre Dunkerque y Barcelona (ver página 126).

Después de varios años de trabajo, en 1799 se construyó una barra de platino rectangular. Hoy esta barra es considerada un símbolo (ya no muy exacto) y se conserva, a cero grados centígrados, en el museo de Pesos y Medidas de París.

Tras establecer el primer metro estándar, 17 países firmaron en 1875 la Convención del Metro. En 1899, la Conferencia General de Pesos y Medidas diseñó un metro a partir de una aleación de platino e iridio, que prácticamente no variaba de longitud. Mas tarde, con la tecnología láser, la misma institución internacional estableció la definición del metro como 1,650,765.63 ondas de radiaciones naranjas emitidas por el krypton 86. En 1983 se llegó a una definición más precisa en términos científicos: el metro es la longitud del trayecto recorrido en el vacío por la luz durante un tiempo 1/299,792,458 de segundo.

En España, el patrón metro se adoptó como medida oficial en 1848.

MUSEO DE CARROZAS FÚNEBRES

13

Sancho de Ávila, 2
Metro Marina
• Teléfono: 93 484 1710
• De lunes a viernes, de 10 a 13 y de 16 a 18 h
• Sábados, de 10 a 13 h

De camino al más allá

El museo de Carrozas Fúnebres no es un lugar adecuado para las personas susceptibles. Se ubica en el sótano de los Servicios Funerarios de Barcelona y reúne carrozas, landós, berlinas y coches fúnebres de finales del siglo XIX y principios del XX. Es un lugar extraño, húmedo y hasta cierto punto increíble. Hay todo tipo de carrozas, desde las blancas para niños y adolescentes, hasta las de estilo gótico o las llamadas francesas. Muchas de ellas son custodiadas por maniquíes elegantemente vestidos para la ocasión, algunas veces de blanco y otras de riguroso negro. Lo mismo ocurre con los caballos, que muestran una serie de ornamentos fúnebres propios de la época.

Las recreaciones son perfectas. Es una lástima que el espacio sea tan pequeño. Aun así, hay por lo menos 20 coches, algunos tirados por caballos de plástico, además de las vitrinas, que muestran los atuendos que usaban los empleados y caballos durante el cortejo fúnebre. En este ambiente tétrico y un tanto melodramático, también se puede ver una gran carroza forrada íntegramente en negro. Era la carroza destinada a las viudas capaces de costear los gastos de un funeral tan lujoso. Este tipo de funerales estuvo reservado para las autoridades y las personas adineradas, salvo excepciones, como los funerales realizados durante la Semana Santa o Navidad.

Entre los coches de colección del museo está un Studebaker y un Buick del 76. Ambos representan un estilo de funeral menos pomposo que las carrozas de años precedentes. Otro detalle del lugar es que si se observan con detenimiento las piezas que conforman el museo se notará que son frecuentes los símbolos vinculados a la muerte, tanto en las carrozas como en los uniformes de los cargadores. Por ejemplo, las letras griegas alfa y omega, que representan el principio y el fin. También se repite la figura de un búho, símbolo de la soledad, el silencio y la muerte; o la imagen de Atenea, diosa de la sabiduría a quien se supone encontraremos en el más allá.

Para los interesados en conocer un poco más de cerca la industria relacionada a la muerte, los Servicios Funerarios de Barcelona también cuentan con una fábrica de ataúdes, a la que se puede acceder siempre y cuando se solicite un permiso especial. No está abierto al público en general.

BIBLIOTECA DE LAS AGUAS

14

Universitat Pompeu Fabra
Ramón Trías Fargas, 39
Metro Ciutadella Villa Olímpica
- Teléfono: 93 542 1709
- De lunes a viernes, de 8 a 1 h
- Sábados, de 8 a 14 h

> **"Uno de los secretos mejor guardados de la arquitectura barcelonesa**

La Biblioteca de las Aguas es uno de los secretos mejor guardados de la arquitectura barcelonesa. El recinto, inspirado en la piscina romana de Mirabilis, fue construido en 1880 por el maestro de obras Josep Fontseré. En principio estuvo pensado como depósito de aguas, de ahí sus techos abovedados y sus muros de ladrillo que descansan sobre 48 pilastras. Pero el tiempo quiso que se transformara en un asilo de ancianos, en un almacén del parque de bomberos, en un estudio cinematográfico, en un hospital improvisado durante la guerra y, finalmente, en una biblioteca universitaria.

En los años setenta, la Universitat Pompeu Fabra adquirió el edificio por considerarlo adecuado para sus obras de ampliación. Los arquitectos Lluís Clotet e Ignacio Paricio fueron los encargados de transformar el espacio y adaptarlo a las necesidades de una biblioteca.

Además del casi millón de libros que almacena y de su imponencia como obra arquitectónica, la biblioteca cuenta con otra particularidad. Si bien el silencio es obligatorio, eventualmente se oyen los rugidos de los tigres y leones que con suerte se alcanzan a ver desde los grandes ventanales. No se trata de una alucinación: la biblioteca limita con el zoológico de Barcelona.

QUÉ VER EN LOS ALREDEDORES

LA SALA DE REFLEXIÓN DE TÀPIES

15

Dentro de la Universitat Pompeu Fabra, y a pocos metros de la Biblioteca de las Aguas, se ubica la muy curiosa Sala de Reflexión. Esta capilla laica no presenta ningún santo, ni dios de ningún color a quien rezarle, sólo dos cuadros: *Díptic de la campana y Serp i plat*, dos obras de Antoni Tàpies.

La sala fue creada por el escultor y pintor catalán, y cuenta con una veintena de sillas colgadas de otra de las paredes. La idea original fue crear un espacio donde el visitante, y en especial el estudiante, pudiera encontrarse consigo mismo, invocar a algún dios personal o simplemente apreciar en riguroso silencio dos obras geniales de Tàpies. Para acceder a este espacio de carácter místico y a la biblioteca se tiene que solicitar permiso en la recepción.

CEMENTERIO DE POBLE NOU

16

Carmen Amaya s/n
Metro Poble Nou
• Teléfono: 93 484 1780
• De lunes a domingo, de 9 a 18 h

El Beso de la Muerte
Departamento Tercero

El Santet
Departamento Primero. Isla Cuarta, Interior

“ **El Beso de la Muerte**

El Beso de la Muerte es una de las tumbas mas extrañas del cementerio de Poble Nou. La obra maestra de J. Barba es una calavera alada dándole un beso en la frente a alguien que acaba de morir. La escultura, tallada en mármol, es un tributo a un hijo muerto, y en 1991, figuró entre las estatuas de temática erótica más destacadas en una exposición celebrada en Berlín.
Otra tumba extraña es la de El Santet. Sobre ella se ha construido un altar improvisado que reúne las ofrendas más surrealistas del cementerio, como caramelos de café, cigarrillos y pastillas antigripales.
Francesc Canals Ambrós (Barcelona, 1879-1899), conocido como El Santet, fue un trabajador que encontró la muerte en un accidente justo antes de cumplir los 20 años. Al poco tiempo se corrió la voz de que El Santet hacía realidad los deseos de las personas que le rezaban con devoción. Desde entonces sus fieles se han ido renovando y en su tumba nunca faltan flores ni ofrendas.
El cementerio de Poble Nou encierra entre sus paredes de más de cinco metros de alto buena parte de la historia de la Barcelona del siglo XIX. El Cementerio Viejo, como popularmente se le conoce, está anclado en un barrio tradicional que empieza a ceder terreno a edificaciones modernas. De hecho está ubicado casi frente a una de las playas más populares entre los jóvenes, la playa de la Mar Bella. El camposanto se inauguró en 1775 con la intención de solucionar los problemas de insalubridad. Aunque ahora se ubique en el medio de una zona urbana, en algún momento el cementerio quedaba fuera y lejos de la ciudad amurallada.
Pasear por el Cementerio Viejo es recorrer distintos estilos arquitectónicos y estéticos casi de manera cronológica, aunque también es una buena oportunidad para aproximarse a los personajes y a las anécdotas de otra época.

QUÉ VER EN LOS ALREDEDORES

LA FRANCIA CHICA 17

A este pequeño y simpático barrio donde se ubica la Fundación Palo Alto se le conoce como la Francia Chica (França Xica) porque hasta aquí llegaron, hace más de 150 años, una gran cantidad de franceses a trabajar en una importante fundición cercana. Buena parte de las construcciones de la época han cedido terreno a la presión inmobiliaria. Sin embargo, todavía quedan algunas calles de encantador aire decadente, como Pellaires o Ferrers.

EL SUICIDIO DE LA TORRE DE LAS AGUAS

18

Plaza de Ramón Calsina
Metro Selva de Mar

> ***Una torre que nunca sirvió...***

La Torre de les Aguas, construida en 1882 por el arquitecto Pere Falqués, es un monumento histórico que esconde una anécdota macabra. En principio se pensó que serviría para extraer agua potable, pero durante su construcción no se consideró que la cercanía del mar generaría filtraciones saladas. El proyecto fue un fracaso y el empresario que financió la obra, abatido por el desastre, se lanzó al vacío desde la punta de la edificación.

La torre nunca funcionó correctamente. Es un monumento al error humano que, sin embargo, sirvió de inspiración para los artistas Josep María Subirachs y Ramón Calsina, a quien está dedicada la plaza.

Su importancia reside en que se trata de un testimonio de la industrialización de Cataluña y del esfuerzo de los trabajadores de la época. También forma parte de un proyecto de recuperación de los símbolos del desarrollo industrial. Con los años se ha convertido en un punto de referencia para los vecinos, un lugar de juego para los niños y un mudo testigo de la transformación del barrio, en el que cada día se construyen más edificios.

OTRAS TORRES DE AGUA QUE HAN SOBREVIVIDO AL PASO DEL TIEMPO

Las torres de agua servían para almacenar el agua que provenía de las minas o de canales subterráneos. La altura de las torres permitía que el agua fuera distribuida con facilidad, algunas con ayuda de motores y otras sencillamente por la fuerza de gravedad. Se conservan muchas de estas torres, la mayoría construidas a principios del siglo XX, pero más como un patrimonio de arqueología industrial que como fuentes de abastecimiento de agua. Entre las más destacas están la del Tibidabo, que es una de las más altas (53 metros). En el número 98 del paseo Fabra i Puig se puede ver la torre construida en 1910, que perteneció a las Compañía de Aguas de Canyelles. Muy cerca de allí, en la rambla de Sant Andreu, se ubica una de las más antiguas (1853).

En la calle de Peris i Mancheta se encuentra la torre que abastecía de agua a una cooperativa de periodistas, y en la calle Roger de Llúria, la torre que construyó Josep Oriol (ver página 95). Las torres y los pozos fueron muy valorados en su momento porque el agua fue un recurso escaso.

QUÉ VER EN LOS ALREDEDORES

FUNDACIÓN PALO ALTO 19

Pellaires, 30
Metro Selva de Mar

Este singular espacio, un complejo fabril de 1875, fue remodelado en 1987 por Pierre Roca. Actualmente es una fundación dedicada a la creación artística. La idea original consistió en evitar el derribo de la antigua fábrica y convertirla en ambientes espaciosos y luminosos donde pudieran trabajar distintos artistas. Uno de ellos es el diseñador Javier Mariscal, cuyos dibujos han sido portada de varias revistas como *The New Yorker o EPS*. El estudio Mariscal cuenta con una plantilla de más de 40 empleados dedicados al diseño. La Fundación Palo Alto también sirvió de plató para la película *El embrujo de Shangai*, dirigida por Fernando Trueba y protagonizada por Ariadna Gil.

LA PIEDRA QUE DELIMITA UNA ANTIGUA FRONTERA 20

Parque Carlos I

En el parque Carlos I, entre las calles Marina y Doctor Trueta, reposa una enigmática piedra que en realidad es uno de los antiguos hitos que delimitaban los municipios de Sant Martí y Barcelona. La inscripción "B i SM", cincelada sobre la piedra, recuerda la función que cumplió en su momento.

El antiguo pueblo de Sant Martí de Provençals fue anexado a Barcelona en 1897. Allí se instalaron las fábricas más importantes y por ese motivo se le conoció como la Manchester catalana.

ARTE CONTEMPORÁNEO ALTERNATIVO 21

Hangar
Passatge del Marqués de Santa Isabel, 40
Metro Poblenou
Teléfono: 93 308 4041 • De lunes a viernes, de 9 a 14 h

El centro de producción artística Hangar se ubica en Can Ricart, un recinto industrial proyectado a mediados del siglo XIX por el arquitecto Josep Oriol y Bernardet. De la antigua fábrica de estampados sólo quedan los edificios, muchos de ellos abandonados. Al fondo, a unos 250 metros de la puerta de acceso, en una de las naves industriales salpicadas en esta especie de pueblo fantasma, se instaló hace diez años Hangar. El proyecto artístico ha sobrevivido a un incendio y a varias amenazas de desalojo. Pero se mantiene en pie gracias al apoyo del colectivo artístico que ve en este tipo de iniciativas la futura esperanza ante la presión inmobiliaria. De hecho, ahora, y después de una lucha titánica por hacer valer sus derechos, cuentan con el reconocimiento y el apoyo del Ayuntamiento.

Visitar Hangar es entrar en contacto con las últimas tendencias de artistas barceloneses y creadores invitados de todas partes del mundo. En definitiva, una buena oportunidad para conocer de primera mano a qué se refieren cuando hablan de "arte contemporáneo".

SOCIEDAD COLOMBÓFILA DE BARCELONA

22

Passatge del Taulat, 7
Metro Poblenou
• Teléfono: 93 266 0210

Federación Catalana de Colombicultura
Córsega, 681, entresuelo 3°
Metro Diagonal
• Teléfono: 93 436 2203

El mundo de las palomas

Desde hace más de 80 años, la Sociedad Colombófila y la Federación Catalana de Colombicultura se dedican a la crianza de palomas. Tanto la sociedad - dedicada a las palomas mensajeras - como la federación - centrada en los palomos deportivos - son lugares de reunión casi estrictamente masculinos, donde se planean actividades al aire libre y temas de conversación sobre el universo de las palomas.

Por definición, los palomos deportivos son aves agresivas, nerviosas, resistentes e incansables en la persecución. Son unos especialistas en el cortejo amoroso.

Las palomas mensajeras, en cambio, tiene una personalidad muy diferente. Son más tranquilas, más familiares, vuelven siempre a su nido, y tienen una contextura más atlética. Su crianza y entrenamiento son muy diferentes a los del palomo deportivo, pues no desarrollan el sentido de la persecución sino su innato poder de orientación.

Las competencias, tanto de las palomas mensajeras como de los palomos deportivos, se realizan en primavera y en verano.

¿POR QUÉ LAS PALOMAS MENSAJERAS VUELVEN A CASA?

Las palomas mensajeras tienen la capacidad de volver a casa, incluso si ésta se encuentra a más de mil kilómetros de distancia.

Siempre han existido dudas al momento de determinar los motivos de esta capacidad, aunque hay muchos que coinciden en que está relacionada con unos pequeños cristales en el cerebro de las palomas.

Esta característica fue descubierta hace mucho tiempo. Julio César, durante la guerra de las Galias, utilizó las palomas mensajeras para enviar pequeñas notas a Roma e informar a sus partidarios sobre el adelanto de las tropas.

La capacidad de orientación de las palomas mensajeras siempre se ha prestado a muchas confusiones: lo que a veces se ve en el cine, que una paloma va y vuelve de diferentes sitios, no es cierto. La paloma mensajera sólo es capaz de volver a casa. Por eso, y con el fin de enviar mensajes a varios lugares, era necesario llevarse a determinadas palomas de acuerdo al destino del mensaje. Y si quería enviarse sucesivos mensajes al mismo lugar había que transportar a un número suficiente de palomas porque muchas suelen perderse por el camino.

INDÍCE ALFABÉTICO

INDÍCE ALFABÉTICO

ÍNDICE TEMATICO

ARQUITECTURA

ARTE Y LITERATURA

BARES, RESTAURANTES, HOTELES Y TIENDAS

CIENCIA Y EDUCACION

ÍNDICE TEMATICO

HISTORIA

JARDINES

MUSEOS

PATRIMONIO INDUSTRIAL

RELIGION Y ESOTERISMO

NINOS

ÍNDICE TEMATICO

CURIOSIDADES